Genießen in Slowenien

Genießen in
Slowenien

S

Für Franz,

der Hunderte Kilometer durch Slowenien gefahren ist,
beim Verkosten immer an meiner Seite war und alle sprachlichen Hindernisse
durch seine perfekten Slowenischkenntnisse überwunden hat.

Für Ina und Alex,

die als technische Assistenten den Computer und seine oft
merkwürdigen Facetten und Eigenheiten fest im Griff hatten.

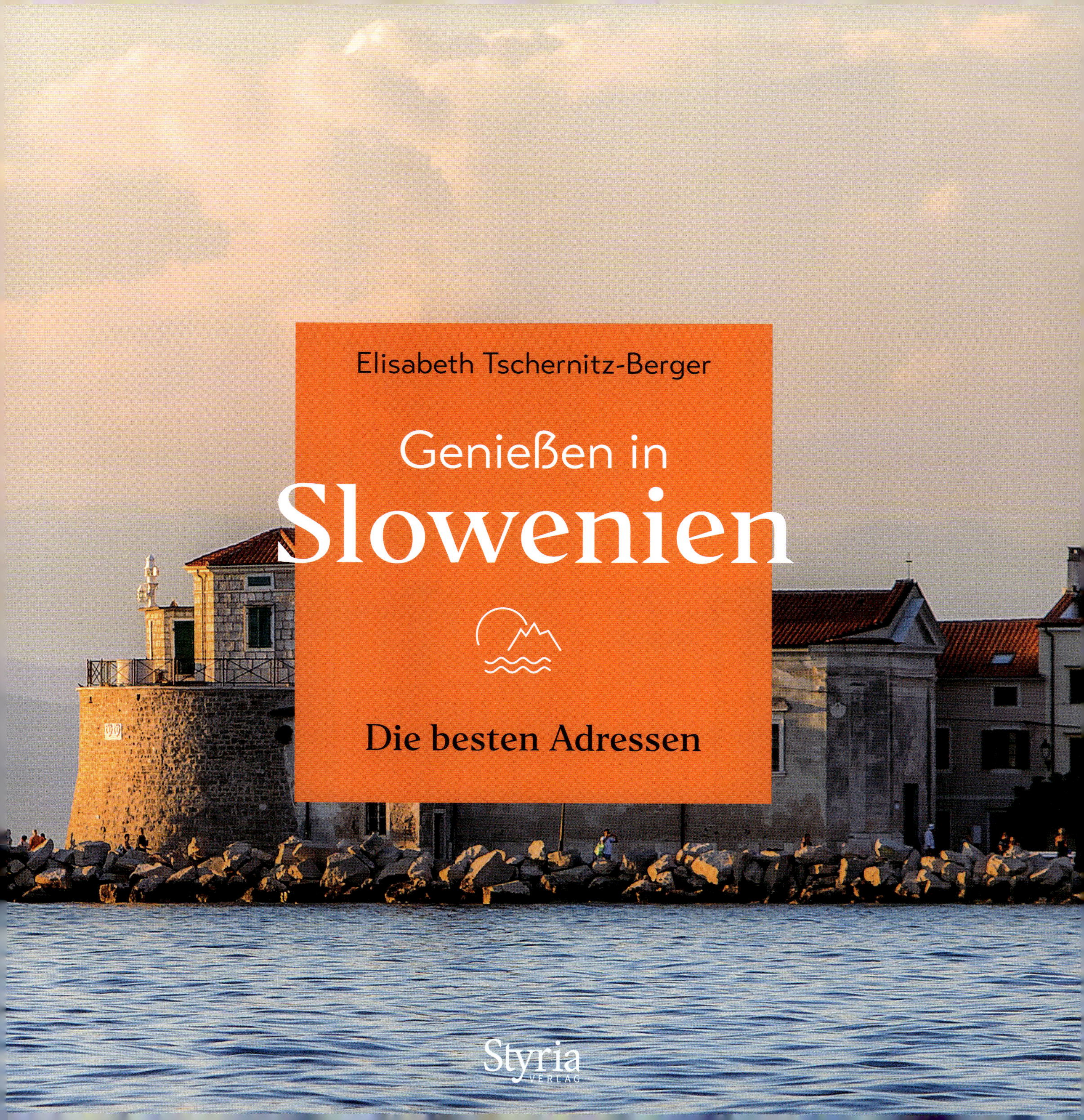

Elisabeth Tschernitz-Berger

Genießen in Slowenien

Die besten Adressen

Styria Verlag

Inhalt

Kleines Land mit großer Vielfalt

SLOWENIEN, der freundliche Nachbar im Süden. Der kleine Staat birgt auf 20.273 Quadratkilometern mit knapp über zwei Millionen Einwohnern eine große Vielfalt. Ein Nachbarland, das man noch viel zu wenig kennen- und schätzen gelernt hat. Doch genau das sollte man tun, denn hier gibt es auf so kleinem Raum viel zu bestaunen, zu erleben und zu genießen. Von den sonnenverwöhnten Olivenhainen und Salzfeldern an der Adria über die bizarren Felsformationen der Julischen Alpen bis hin zu den sanften Weinbergen des pannonisch beeinflussten Ostens und der kunstsinnigen Hauptstadt Ljubljana/Laibach erlebt man in wenigen Stunden so viel wie in einem kleinen Universum. Dazwischen erheben sich selbstbewusst jahrhundertealte Schlösser, Burgen und historische Kulturstädte. Grotten und Höhlen zeugen von Millionen Jahren Erdgeschichte. Von der Bora zerzauste Karstlandschaften wechseln sich mit heiteren, sanften Weinhügeln ab, die je nach Jahreszeit von Hellgrün bis Tiefrot leuchten. Seen und Flüsse sind von verführerischer türkiser Farbe und tief aus der Erde sprudeln auf Schritt und Tritt heiße, mineralhaltige Quellen – alleine, so scheint es, für das leibliche Wohlbefinden geschaffen. Fürwahr ein Land, das mit Vorzügen reich gesegnet ist.

Doch was wäre Slowenien ohne seine freundlichen Menschen, die traditionelle Werte hochhalten und kreativ die Herausforderungen moderner Zeiten bewältigen? Was wäre das Land ohne seine Kultur, Architektur und Poeten? Der Musik, dem bunten Brauchtum und den traditionellen Produkten und Speisen? Wir erlebten Restaurants und Gasthäuser, die seit Jahrhunderten Gastfreundschaft leben und die Menschen mit altbewährten Rezepten und unverfälschten Lebensmitteln verwöhnen, aber auch viele junge Köche und Köchinnen, die einen Vergleich mit den Besten nicht zu scheuen brauchen. Wir schlürften andächtig Jota mit Grammelpotica im Weinberg, löffelten Buchweizensterz aus einem Blechreindl, schnitten dicke Scheiben von der würzigen Krainer Wurst, schmausten süße Štruklji (gefüllte Teigrollen) mit pikanten Grammeln am Marktstand und genossen einen kreativ komponierten Gang nach dem anderen im schummrigen Gewölbe im Domizil des besten Kochs Sloweniens. So unterschiedlich die Gerichte auch waren, aus allen schmeckte man die Freude und Hingabe am Kochen. Es wird Zeit, die köstlichen Seiten Sloweniens zu entdecken.

Alles spricht über die „cucina italiana" über die „cuisine française", die „österreichische Mehlspeisenküche": Und was ist mit der „slovenska kuhinja"? 2014 behauptete der slowenische Starkoch Janez Bratovž, Chef des Restaurants JB in Ljubljana, in einem Interview: „Slowenien ist die nächste kulinarische Destination." Er hatte recht. Jetzt ist es so weit. Slowenien führt längst nicht mehr das Schattendasein mit überladenen Grillplatten, Beef Tartare und zu Tode gebratenen Forellen. Die jungen Köchinnen und Köche haben sich längst davon befreit. Wissbegierig und in den besten Restaurants Europas und der Welt ausgebildet, geben sie sich nicht mit einfallslosen Rezepten und minderer Qualität zufrieden. Selbstbewusst kehrten sie in ihr Land zurück, schnappten sich die Kochlöffel und zeigen jetzt, was sie draufhaben. Nicht ohne die traditionellen Rezepte ihrer Altvorderen zu vernachlässigen. Gepaart mit zeitgemäßen Ideen und Erkenntnissen entstand eine neue Küchenpower. Wundert es da noch, dass die „Beste Köchin der Welt 2017" Ana Roš hieß und aus Slowenien stammt?

Jede Region – und davon gibt es immerhin 24 – hat ihre eigene Spezialität, ihre typischen Geschmäcker und Speisen. Die verschiedenen Arten von Štruklji-Füllungen lassen sich kaum zählen: Nüsse, Mohn, Zimt, Zucker, Topfen, Kletzen, Bärlauch, Zwiebel, Knoblauch, Bertram, Grammeln, Selchfleisch. Potica, Pogača, Strudel, Gibanica, Lebkuchen, Kekse, Cremeschnitten – wer kann die reiche Fülle an süßen Verführungen zählen?

Man hat den Eindruck, dass Fertigkost und Geschmacksverstärker hier noch Fremdwörter sind. Hausfrauen konnten aus ihren hingebungsvoll angelegten Gärten und den bunten Märkten aus dem Vollen schöpfen, denn nirgends wird man so eine Vielfalt an Produkten, Geschmäckern und Farben entdecken. Ob auf einem der vielen kulinarischen Feste, auf Bauernhöfen oder in der einfachen Gostilna – kein Weg führt an solider Hausmannskost vorbei. Bohnen, Kraut, Rüben, Kartoffeln, Grammeln, Nudeln – andernorts als Bauernkost verunglimpft – werden hier zu Köstlichkeiten. Der Wert der Lebensmittel und die damit verbundene Arbeit wird noch geschätzt.

Einen atemberaubenden Wandel hat auch der Wein durchgemacht. Mit den halbsüßen Tropfen früherer Zeiten haben Sauvignon Blanc aus Halože, Šipon aus Ormož, Rebula und Zelen aus dem Vipava-Tal, Ribolla Gialla aus der Goriška Brda, Terran aus dem Karst oder Cviček aus der Dolenjska nichts mehr zu tun. Sloweniens Edelwinzer spielen in der Weltliga mit, heimsen begehrte Auszeichnungen ein und ihre Weine erzielen hervorragende Preise. Am Ende eines feinen Mahls gießt man einen guten Schluck „Schnops" ein und wünscht „Dober tek" oder „Bog žegnej" – was so viel heißt wie „Gott segne (dich und die Speisen)", und nirgends wird man zufriedener (auch wegen der noch günstigen Preise) nach Hause gehen.

KULINARISCHER BOGEN

Der kulinarische Bogen in diesem Buch spannt sich über ganz Slowenien. Von Süden nach Norden, von Westen nach Osten, bis zur Hauptstadt Ljubljana/Laibach. Wir besuchten Fischrestaurants an der Adria, einfache Gasthäuser im Landesinneren, stylische Restaurants, Gourmethochburgen und einfache Bauernhöfe. Daraus entstand eine ganz persönliche Mischung von Gerichten, Genüssen und Eindrücken. Die Auswahl basiert auf Empfehlungen und Zufallsentdeckungen. Viele Gasthäuser sind mittlerweile zu „Lieblingslokalen" geworden. Sehr angenehm ist, dass manche den ganzen Tag über warme Küche anbieten. Man findet immer irgendwo ein Haus, das seine Gäste willkommen heißt. Bei den Öffnungszeiten ist ein Gegencheck per Internet oder Telefon zu empfehlen, da sich diese vor allem saisonbedingt ändern können.

Was wäre ein Genussführer ohne die Menschen, die hinter den Betrieben und Produkten stehen? Sie zu porträtieren und typische Erzeugnisse zu beschreiben, war eine besondere Freude. Erst wenn man ihre Philosophie versteht, lernt man die Arbeit, die hinter jeder Flasche Wein oder Schinkenkeule steckt, zu schätzen. Im Schlussteil jedes Kapitels finden sich meine persönlichen „Besten Fünf" aus den unterschiedlichsten Kategorien – vom Hotel bis zu Ausflugszielen oder kulturellen Geheimtipps. Sie erheben keinen Anspruch auf Vollständigkeit, doch ist es eine Auswahl an ganz Besonderem, die man erlebt haben sollte. Sie sind auch eine Anregung, Slowenien auf eigene Faust zu erkunden. In diesem Sinne: „dober tek!"

Sloweniens Küche bald an der Weltspitze

TOMAŽ KAVČIČ, Küchenchef des Restaurants Pri Lojzetu in Zemono Dvorec/Vipava-Tal über Slowenien als kommender kulinarischer Hotspot und den Aufstieg junger Köche.

Wie wurde Ihre Leidenschaft fürs Kochen geweckt?

KAVČIČ: Ich bin bereits die vierte Generation, die eine Leidenschaft fürs Kochen aufbringt. Von Kindesbeinen an hielt ich mich in Küchen auf. Mein Großvater hat mich zu den Bauern mitgenommen, um die besten Produkte zu finden. Einmal waren es Kartoffeln und Eier, ein andermal Würste, Spargel, Prosciutto oder Görzer Radicchio. Meine Mutter hat daraus herrliches Essen zubereitet. Ich habe viel Zeit in der Küche verbracht, schon allein, um meiner Mutter nahe sein zu können.

Das Restaurant Pri Lojzetu im Landgut Zemono befindet sich im klimatisch bevorzugten Vipava-Tal. Wie nützen Sie es kulinarisch?

KAVČIČ: Die landschaftlichen Besonderheiten des Vipava-Tals, kombiniert mit dem einzigartigen Mikroklima, sind die besten Voraussetzungen für eine herausragende Kulinarik. Im Tal erleben wir heiße Sommer mit überdurchschnittlich vielen Sonnentagen. Die Winter sind mild und das Frühjahr beginnt früher als anderswo. Daher gedeihen hier viele Gemüsesorten und es reift das beste Obst. Viele Jahrzehnte war das Vipava-Tal der Obstgarten Sloweniens, von wo die ersten Kirschen, Marillen, Zwetschken und Kakis gekommen sind. Heute ist es dazu noch eine bevorzugte Weinregion.

Was halten Sie von der Slow-Food-Philosophie?
KAVČIČ: Ich kann behaupten, dass wir den Slow-Food-Gedanken des bedächtigen Essens und der autochthonen Produkte schon praktiziert haben, bevor Carlo Petrini 1987 die Slow-Food-Bewegung ausgerufen hat. Damals befand sich das Gasthaus meiner Mutter noch in Dornberk und sie hat genau nach dieser Philosophie gearbeitet. Die Grundidee ist doch die Erhaltung traditioneller Speisen, wie zum Beispiel unserer Jota. Slow Food hat bei der Entwicklung einer neuen Ernährungs- und Esskultur geholfen. Man nimmt sich einfach mehr Zeit zum Genießen, und das ist gut so.

Ist Kochen für Sie Kunst oder Handwerk?
KAVČIČ: Kochen ist genauso eine Kunst, wie ein Unternehmen zu führen. Ich bemühe mich bei der Zubereitung der Speisen, die verschiedenen Geschmäcker aufeinander abzustimmen und eine Speisenfolge zu komponieren. Dabei nütze ich natürlich die Segnungen der Küchentechnik.

Was erzählen Sie Fremden über die slowenische Küche?
KAVČIČ: Es gibt wohl kaum eine Küche, die vielfältiger ist als die slowenische. Die klimatischen und geografischen Besonderheiten lassen die unterschiedlichsten Geschmäcker zu. Man kommt mit den Genüssen des Meeres, der Alpen, der Pannonischen Tiefebene und mit dem Einfluss des Balkans in Berührung. Jede der 24 gastronomischen Regionen des Landes hat ihre Eigenheit. Dazu kommen die unverfälschten regionalen Produkte, die in den Küchen ihren Ausdruck finden, 170 anerkannte typische Speisen und hervorragende Weine aus drei Weinregionen, die bereits weltweit für Aufsehen gesorgt haben.

Was essen Sie am liebsten?
KAVČIČ: Wenn ich Zeit habe und mich durch die Gegend koste, erlebe ich vor allem die Geschmäcker der lokaltypischen Speisen der jeweiligen Gegend.

2019 ist erstmals der Gault Millau für Slowenien erschienen. Sie und Ana Roš von der Hiša Franco haben auf Anhieb vier Hauben erkocht. Gratulation! Was bedeutet es für Sie, dass Ihr Restaurant als bestes des Landes darin vorkommt?
KAVČIČ: Dass es jetzt einen eigenen Gourmetführer gibt, spricht für die Kulinarik des Landes. Ich freue mich sehr, dass meine Leistung anerkannt wird. Der „gelbe Reisepass“ ist wichtig, um Slowenien am internationalen Markt zu positionieren. Damit wird das Land als Gastronomiedestination bekannt.

Wo sehen Sie die slowenische Küche in fünf Jahren?
KAVČIČ: Ich sehe sie an der Weltspitze. ■

NORD-SLOWENIEN

Von imposanten Bergen und grünen Seen

Sloweniens alpine Region im Norden beeindruckt mit den imposanten Julischen Alpen, wanderbaren Almen, grünen Bergseen und lieblichen Landschaften, aber auch mit Kulturstädten wie Kranj/Krainburg oder Slovenj Gradec/Slowenisch Graz. Hier genießt man herzhafte Kost aus Getreide oder die berühmte Krainer Wurst.

BERGE- UND SEENROUTE

Vorschlag für eine zweitägige Rundreise in der Alpenregion Sloweniens

1. TAG

- *Fahrt über den beeindruckenden Vrsič-Pass nach Kranjska Gora*
- *Besuch und Spaziergang am Boheiner See (Bohinjsko Jezero)*
- *Cremeschnittenverkostung in einem Café an der Promenade*
- *Bootsfahrt zur Insel mitten im Bleder See*
- *Übernachtung in der Villa Bled mit Abendessen*

2. TAG

- *Besuch von Kranj/Krainburg, Verkostung der Krainer Wurst in der Gostilna Kot*
- *Ausführliche Führung in der Stadt Krainburg*
- *Mittagessen in der Gostilna Krištof*
- *Besuch der Schokoladenmanufaktur Gorenjka in Lesce*

RESTAURANT SKIPASS

gehobene Küche | Hotelzimmer | Terrasse

Nach dem Skifahren elegant speisen

Borovska cesta 95
4280 Kranjska Gora
T. +386 4 58210 00
info@skipasstravel.si
www.skipasshotel.si

Öffnungszeiten: Dienstag bis Donnerstag 18 bis 22 Uhr, Freitag bis Sonntag 12 bis 22 Uhr, Montag Ruhetag

KRANJSKA GORA auf der anderen Seite des Wurzenpasses hat sich in den letzten Jahren zum slowenischen Skizentrum gemausert. Nicht nur sportbegeisterte Slowenen, sondern auch viele Kärntner kommen zum Skifahren über den Berg. Im Sommer ziehen die herausfordernden, aussichtsreichen Passstraßen über Predil und Vrsič die Besucher magisch an. Hier rückt man den Julischen Alpen mit den beeindruckenden Bergen Špik, Razor, Jalovec und Prisank ganz nahe.

Dass man hier in einem Wintersportzentrum angekommen ist, zeigt schon der wenig originelle Name für das Viersternehotel und Restaurant: Skipass Travel.

Weil Sportler gut und gerne essen, hat man sich im Restaurant dem „fine dining" mit Einflüssen aus den nahen Nachbarländern Italien und Österreich verschrieben. Hier bereitet man Beef Tartare vor den Augen der Gäste am Tisch zu, serviert ein original Wiener Schnitzel vom Kalb, aber auch Gnocchi mit Kaninchensugo auf italienische Art. Man kann sich an einem Vier-Gänge-Menü erfreuen, der Küchenchef geigt aber auch mit bis zu neun Gängen auf, denn dann ist er so richtig gefordert. ■

RESTAVRACIJA MILKA

Vršiška cesta 45, 4280 Kranjska Gora
T. +386 70 169566, www.pensionmilka.com
pensionmilka@gmail.com
Öffnungszeiten: Dienstag bis Sonntag 10 bis 22 Uhr, Montag Ruhetag

Die gemütliche Pension beherbergt auch ein veritables Restaurant, in dem man preiswerte und schmackhafte Menüs bekommt. Das richtige Domizil nach einem Skitag.

RESTAVRACIJA BLEJSKI GRAD

moderne slowenische Küche | Terrasse

Tafeln auf der ältesten Burg

FAST WÄHNT MAN SICH wie im Flugzeug, wenn man im Restaurant der Burg von Bled an einem der weiß gedeckten Tische Platz genommen hat und auf den See und die Bergkulisse blickt. Die einstige Burg Veldes thront imposant auf einem 139 Meter hohen Felsen. Sie gilt als die älteste Burg Sloweniens und datiert auf das Jahr 1011. Nach wechselvoller Geschichte ging sie 1937 in staatlichen Besitz über. Schön, dass man hier ein Restaurant und ein Museum untergebracht hat.

Küchenchef Jernej Kamič und sein Team sind bemüht, die Qualität der Küche dem Standort anzupassen, was mit modern angehauchter slowenischer Küche gut gelingt. Auf der Karte findet man die Namen der Lieferanten, die zum köstlichen Menü beitragen. Zum Beispiel der besondere Käse von Pustotnik. Für das höchstgelegene Restaurant Sloweniens sind die Preise erstaunlich moderat. Dafür bekommt man marinierten Oktopus auf einer Bohnencreme, eine samtige Kürbissuppe, in der Knödeln, gefüllt mit frischem Ziegenkäse, schwimmen, Forellenfilet auf schwarzen Linsen oder Lammkoteletts mit mediterranen Kräutern. Eine Creme aus weißer Schokolade mit Anis oder eine Bayerische Creme mit Kaffee schließen den Magen. Dann sollte man noch bei einem Glas slowenischen Weins verweilen, um von oben zu sehen, wie schön Slowenien ist.

Grajska cesta 61
4260 Bled
T. +386 1 3619416
+386 4 6203444
www.jezersek.si
bled@jezersek.si
Öffnungszeiten: Montag bis Sonntag 11 bis 22 Uhr

VILA BLED

Cesta svobode 18, 4260 Bled
T. +386 4 5753710, www.brdo.si/sl/vila-bled,
recepcija-vb@brdo.si
Öffnungszeiten: täglich von 18 bis 22 Uhr

Die Villa inmitten eines Parks, in der einst Tito seine Staatsgäste empfing, beherbergt seit einigen Jahren ein nobles Restaurant, in dem Küchenchef Goran Selan moderne, mediterrane Küche pflegt.

RESTAVRACIJA 1906

moderne slowenische Küche | Zimmer | Terrasse

Süße Bleder Geschichte

WENN MAN EINEN PLATZ auf der Terrasse direkt am See ergattert, kann man sich glücklich schätzen. Dann liegt einem die atemberaubende Landschaft des Bleder Sees zu Füßen und das Essen schmeckt doppelt so gut. Küchenchef Viktor Gros lässt die traditionellen slowenischen Gerichte auf kreative Art wieder auferstehen. Jeder Gang hat einen modernen Touch, der in den Degustationsmenüs (vier bis sechs Gänge) zum Ausdruck kommt. Der Name des Restaurants deutet übrigens auf das Jahr 1906 hin, als das Hotel „Triglav Bled" erbaut und die wichtige Bahnverbindung zwischen Bled und Triest eröffnet wurde.

Schon die Begrüßung mit hausgemachter Kräuterbutter und selbst gebackenem Brot ist eine nette Aufforderung zum Weitergustieren. Eine Seeforelle mit Kräuterpüree und frischem, kurz sautiertem Gemüse, ein feines Schaumsüppchen, je nach Saison aus Kürbis, Kräutern oder Pilzen, oder schöne Filetstücke mit rosigem Herzen und Sojabohnen gefällig?

Die Auswahl an Desserts beschränkt sich nicht nur auf die Cremeschnitte, die hier zu Hause ist. Sorbets mit Früchten, Schokotörtchen oder Halbgefrorenes wetteifern um die Gunst der „süßen Fräuleins". Doch wer sie nicht kennt, darf an der Cremeschnitte nicht vorbeigehen. Sie ist ein süßes Stück Bleder Geschichte.

RESTAVRACIJA JULIJANA

Cesta svobode 12, 4260 Bled
T. +386 4 5791000, www.sava-hotels-resorts.com
ghtoplice@hotelbled.com

Öffnungszeiten: täglich von 19 bis 23 Uhr

Große Küche im legendären Grand Hotel Toplice mit einem schönen Blick auf Schloss Bled und den See. Küchenchef Simon Bertoncelj versteht sich auf die Kombination heimischer Aromen mit einem Schuss Exotik.

Hotel Triglav Bled
Kolodvorska cesta 33
4260 Bled
T. +386 4 5752610
www.hoteltriglavbled.si
info@hoteltriglavbled.com

Öffnungszeiten: Montag bis Freitag 18 bis 22 Uhr, Samstag, Sonn- und Feiertag 12 bis 15:30 Uhr und 18:30 bis 22 Uhr

VILA PODVIN

klassisch-moderne slowenische Küche | Terrasse | Zimmer

Vom hungrigen Kind zum Starkoch

DIE VILA PODVIN ist Teil eines Schlosses, das bereits im 14. Jahrhundert urkundlich erwähnt wurde: also nicht nur ein kulinarischer, sondern auch ein historischer Ort. Das Restaurant entstand in einem ehemaligen Stall, der jetzt ein eigenwilliges Gebäudeensemble bildet und sehr gemütlich gestaltet wurde. In der Küche werkt einer der besten Köche Sloweniens. Küchenchef Uroš Štefelin folgt seinem eigenen Stil. Es ist klassische slowenische Küche mit einem manchmal schrägen Zugang. Eines ist ihm wichtig: der Einsatz lokaler Produkte mit hoher Qualität. Wenn man aus einem der saisonalen Degustationsmenüs (von drei bis zu acht Gängen) auswählt, kann man hoch zufrieden sein.

Uroš lässt den Gast an seinen Kindheitserlebnissen teilhaben, wie zum Beispiel der „Gruß aus der Küche" zeigt. Es ist ein mit Grammeln, Polenta und Eigelb gefülltes Ei, das dem Buben einst Kraft für den Schultag verleihen sollte. Es dürfte nicht nur dem Buben gemundet haben. Der gegrillte Karfiol wird auf Krebsen- und Kartoffelschaum mit Krebsschwänzen angerichtet und bildet eine tolle Geschmackskomposition. Der Branzin wird auf schwarzen Linsen serviert und das Perlhuhn auf einer Mostbirnensauce. Aus dieser Birne zaubert Uroš auch ein geschmackvolles Risotto sowie Eis, Pasta oder Mostbirnenpralinen. So gelangt die Frucht, die sonst oft als Fallobst in minderwertigen Schnäpsen landet, zu Gourmetehren. Ein süßer Traum ist die Schokokugel, die sich auflöst und Erdbeeren freigibt, sobald heiße Schokolade darübergegossen wird. ■

Mošnje 1
4240 Radovljica
T. +386 8 3843470
www.vilapodvin.si
info@vilapodvin.si

Öffnungszeiten: Dienstag bis Samstag 12 bis 22 Uhr, Sonntag 12 bis 17 Uhr, Montag Ruhetag

GOSTILNA KUNSTELJ 1873

Gorenjska cesta 9, 4240 Radovljica
T. +386 4 5315178, www.kunstelj.si, info@kunstelj.si

Öffnungszeiten: Dienstag bis Donnerstag 18 bis 22 Uhr, Freitag, Samstag, Sonntag von 12 bis 22 Uhr, Montag Ruhetag

Der richtige Platz für alle, die traditionelle slowenische Kost schätzen. Im rustikalen Ambiente genießt man Buchweizensterz, Forellen und hausgemachte Štruklji vom Feinsten.

GOSTILNA KRIŠTOF

moderne slowenische Küche | Terrasse

Kulinarischer Paarlauf

ZWEI BRÜDER, Krištof und Tomaž Bolka, vollführen den kulinarischen Paarlauf in der Gostilna Krištof, nahe dem Renaissanceschloss Brdo, das früher Staatspräsident Tito als Sommerresidenz diente. Sie sind stolz darauf, dass ihre Familie auf eine lange Geschichte als Wirtsleute zurückblicken kann. So haben sich Tradition und Moderne zu einem bestechenden Gastronomiekonzept vereinigt.

In die gemütliche Gostilna kehren Einheimische auf ein schnell gezapftes heimisches Bier oder einen Williams genauso gerne ein wie Gourmets, die auf frische, regionale und biologisch erzeugte Produkte Wert legen. Je nach Saison und Verfügbarkeit gestaltet sich dann auch die Speisekarte. Nix da mit den üblichen Čevapčiči und dem Einheits-Beef-Tartare – die Bolkas lassen sich etwas Besseres einfallen. Zum Beispiel feine Scheiben von Roten Rüben mit Kohlrabicreme und Garnelen. Die Entenbrust ist ein Gedicht, sie erhält ihren besonderen Touch durch eine Creme aus Granatäpfeln. Die zarten Lammkoteletts mit knackigem Gemüse, gut marmoriert und richtig gebraten, zeugen von der außergewöhnlichen Fleischqualität, auf die die Brüder besonderen Wert legen. Kochkunst und Einfallsreichtum gehören dazu, um das feine Feigeneis und das Pistaziensoufflé zu komponieren. ■

Predoslje 22
4000 Kranj
T. +386 4 2341030
www.gostilnakristof.si
kristof@siol.net

Öffnungszeiten: Montag bis Samstag von 12 bis 22 Uhr, Sonntag Ruhetag

GOSTILNA PRI'MATIČKU

Jezerska cesta 41, 4000 Kranj
T. +386 4 2343360, www.prmaticku.si
prmaticku@gmail.com

Öffnungszeiten: Montag bis Samstag von 11 bis 24 Uhr, Sonntag Ruhetag

Ein Geheimtipp für alle, die Wildgerichte lieben. Küchenchef Matjaž Erzar ist Jäger und hat ein Kochbuch mit über 300 Wildrezepten geschrieben. Er kocht noch gerne am offenen Feuer.

GOSTILNA ARVAJ

slowenische Traditionsküche | Terrasse | Zimmer

Es geht um die Wurst

KRANJ liegt für Kärntner eigentlich vor der Haustür und doch wird es meist links liegen gelassen. Was schade ist, denn die Hauptstadt von Oberkrain entwickelte sich fast unbemerkt zu einem kulinarischen und kulturellen Hotspot. Hier hat der große Dichter France Prešeren gelebt, der berühmte Architekt Jože Plečnik hat gewirkt und von hier stammt die berühmte Krainer Wurst (Kranjska Klobasa). Man sollte sie nicht abschätzig abtun, sie ist nämlich tatsächlich eine Delikatesse, wenn sie nach dem Originalrezept hergestellt wurde.

Oft sehnt man sich ja nach so einfachen Dingen wie einer deftigen Wurst mit Kren, Senf, Brot und dazu ein frisch gezapftes Bier. In der Gostilna Arvaj ist alles vorrätig, und zwar in bester Qualität. Denn hier, so heißt es allgemein, wird seit 1896 die beste Krainer Wurst des Landes hergestellt. Arvaj hat eine spezielle Krainer-Wurst-Karte, auf der sich alles um die Wurst dreht: Zum Beispiel gibt es ein Wurstrisotto, Ravioli gefüllt mit Krainer Wurst oder die klassische Klobasa auf einer Zwiebel-Terran-Sauce. Natürlich bekommt man auch eine kross gebratene Forelle oder ein saftiges Steak. ■

Kajuhova ulica 2
4000 Kranj
T. +386 4 2800100
www.gostilna-arvaj.si
gostilna.arvaj@loske-mesnine.si

Öffnungszeiten: Montag bis Samstag von 8 bis 22 Uhr, Sonntag von 9 bis 14 Uhr

RESTAVRACIJA SONET

Prešernova ulica 6, 4000 Kranj
T. +386 31 256059, www.restavracija-sonet.si

Öffnungszeiten: Montag bis Freitag 18 bis 22:30 Uhr, Samstag 12 bis 22 Uhr, Sonntag Ruhetag

„Nur das Beste ist für die Gäste gut genug", lautet die Philosophie des Restaurants, das für seine ausgezeichneten Fleischgerichte bekannt ist. Aber auch die Desserts sind nicht zu verachten.

GOSTILNA KOT

traditionelle Küche | Gastgarten | Zimmer

Štruklji nach Prešeren-Art

„**KOT**" heißt im Slowenischen „Ecke" und genau an der Ecke eines Krainer Bürgerhauses findet man auch das Gasthaus. Die Besitzer Štefan und Martina Klinar haben ein Faible für Drechslerarbeiten, denn vom Erdgeschoß bis in den ersten Stock ziehen sich glänzende gedrechselte Säulchen und Geländer. Es ist unübersehbar: Hier wird Tradition auch in der Küche hochgehalten. Neben den typischen Platten, garniert mit Schnitzeln, Koteletts, Čevapčiči, Pleškavica und Pommes, überrascht man mit einem exzellenten „Krainer Trio". Es besteht aus Krainer Würsten, Bier aus einer kleinen Brauerei vor der Stadt und Štruklji – eine unübertroffene Kombination.

„Die Krainer Würste werden aus hochwertigem Schweinefleisch, Salz, etwas Pfeffer und Wasser gemacht, sonst nichts", erklärt Štefan. Die von der EU geschützten Würste sind tatsächlich ein anderes Kaliber als normale Selchwürste. Auf der Karte stehen auch Krainer im Speckmantel oder gebratene Wurstscheiben. Auch die Štruklji sind hier etwas Besonderes. Von dem traditionellen gekochten Strudel gibt es ja hundert Varianten. Das ist die hundertunderste. Kots Štruklji werden nach einem alten Rezept hergestellt, das im Nachlass des großen Dichters France Prešeren gefunden worden ist. Seine Schwester hat Prešerens Leibspeise aufs Feinste zubereitet. Palatschinken werden mit einer Masse aus Topfen, Rahm, Rollgerste und Marillenmarmelade gefüllt und dann mit einer Eier-Rahm-Sauce übergossen. Im Rohr wird alles knusprig überbacken und in der Tonschüssel heiß serviert. ■

Maistrov trg 4
4000 Kranj
T. +386 4 2026105
www.gostilnakot.si
info@gostilnakot.si

Öffnungszeiten: Montag bis Freitag 7 bis 22 Uhr, Samstag 7 bis 18 Uhr, Sonntag Ruhetag

HIŠA RADUHA

moderne slowenische Küche | Zimmer | Terrasse

In der Region verwurzelt

Luče 67
3334 Luče
T. +386 3 8384000
www.raduha.com
info@raduha.com

Öffnungszeiten: Mittwoch bis Sonntag von 13 bis 23 Uhr

SCHON DIE ANFAHRT von der Kärntner Seite über den malerischen Paulitschsattel ist spektakulär. In dem kleinen Dorf Luče würde man so ein stilvolles Restaurant mit hervorragender Küche eigentlich nicht vermuten. Umso erfreulicher, wenn man die Fenster mit den Spitzenvorhängen und Blumen betrachtet und die freundliche Begrüßung durch die Chefin Martina Breznik erfährt. Das Haus wurde einfühlsam mit Holz modernisiert und ist ein architektonisches Highlight. Es gibt sogar ein Baumhaus in der Linde. Martina kocht fantasievoll, aber nicht spielerisch. Was sie auftischt, hat Hand und Fuß: feine slowenische Küche, alpenländisch beeinflusst, kreativ verfeinert und in der Region verwurzelt. Sie achtet die Tradition und gibt sie an die junge Generation weiter.

Wenn man im Frühjahr kommt, wird man mit Schätzen aus Wald und Flur verwöhnt. Beispielsweise mit einer Brennnessel- oder Bärlauchsuppe oder Schweinslungenbraten mit Brennnesselcreme. Fein sind auch die Vorspeise aus rohem Fisch und die fantasievollen Fischvariationen. Man muss nur aufpassen, dass man vorher nicht zu viel von dem wunderbaren, selbst gebackenen Brot isst, das meist noch warm auf den Tisch kommt. Da zeigt sich die wahre Koch- und Backkunst. Arabesken aus Schlagobers auf der Suppe, kleine Kunstwerke aus frittiertem Fenchel als Garnierung der Vorspeisen und ein Beerenarrangement beim Dessert sind kreative Einfälle des Küchenteams.

Und weil man in Luče im Nirgendwo gelandet und nach dem opulenten Mahl die Weiterfahrt nicht angeraten ist, sollte man in einem der stylischen Zimmer die Nacht verbringen und am nächsten Tag ein feines Frühstück genießen. Damit sich der Genuss prolongiert. ■

GOSTILNA MARIN

slowenische Hausmannskost | Garten | Zimmer

Unverfälschte Landidylle

MARIN ist noch ein richtiges Landgasthaus im Dörfchen Šentanel ober Prevalje. Von dort blickt man nach Kärnten, landschaftlich gibt es kaum Unterschiede. Die Apfel- und Birnbäume am Straßenrand tragen schwer an Früchten, die in diesen Tagen für den Most geerntet werden. Die erste frisch gepresste Kostprobe Apfelsaft können wir bereits genießen. Das warme Wetter hat ihn dieses Jahr sehr süß werden lassen. Draußen spielen Kinder und hin und wieder kommen Gäste einer Geburtstagsfeier für ein Gruppenfoto mit Musikbegleitung im Garten zusammen. Auf der Lehmkegelbahn liegen verstreut ein paar Kegel und eine hölzerne Kugel. Eine idyllische Atmosphäre.

Hier findet man nichts Exotisches auf der nur in Slowenisch verfassten Speisekarte. Die Mutter kocht, wie sie es von ihren Vorfahren gelernt hat. Die Portionen sind unverändert groß, wie damals, als die Menschen noch schwer gearbeitet haben. Es ist ratsam, sich die Gerichte zu teilen. Pilz- und Rindsuppe mit Fadennudeln aus Dinkel kommen in großen Schüsseln daher. Eine ganze Familie würde davon satt werden. Auch die Fleischportionen sind kaum bewältigbar, wiewohl der Schweins- und Wildbraten sowie das gekochte Rindfleisch gut schmecken. Variantenreich sind die Beilagen von Röstkartoffeln über Štruklji bis zu Buchweizensterz. Die Variation aus süßen Štruklji, Apfelstrudel und Kletzennudeln sind durchaus eine Sünde wert. Die Reste sollte man sich einpacken lassen, bei Marin ist man es ohnehin gewöhnt, dass die Gäste einen Teil mit nach Hause nehmen. ■

Šentanel 8
2391 Prevalje
T. +386 2 8240550

Öffnungszeiten: Dienstag bis Freitag 18 bis 22 Uhr, Samstag 10 bis 22 Uhr, Sonntag 10 bis 17 Uhr, Montag Ruhetag

GOSTILNA BRANČURNIK

traditionelle slowenische Küche | kleine Terrasse | Zimmer

Die Wirte mit den langen Bärten

Pri Brančurnika 1
2391 Prevalje
T. +386 2 8231000
www.brancurnik.si

Öffnungszeiten: Montag bis Samstag 8 bis 22 Uhr, Sonntag 11 bis 15 Uhr

KEIN ZWEIFEL, das Gasthaus hat Tradition. 1640 wurde der erste Brančurnik (damals Brantschurnig) in Gutenstein (heute Ravne) geboren. Brančurnik hat eine lange Tradition als Gasthaus für vorbeiziehende Fuhrleute. Und wie alte Bilder beweisen, hatten alle Brančurniks bis heute lange, akkurat getrimmte Vollbärte. Die Stuben wurden später renoviert, ohne den rustikalen Charme eines slowenischen Gasthauses, wo alle Feste von der Taufe bis zum Totenmahl ausgiebig gefeiert werden, zu zerstören. Hier bekommt man noch richtig gut gekochte slowenische Hausmannskost, die Portionen sind üppig und die Gerichte kommen flugs auf den Tisch. Wer bei Brančurnik einkehrt, muss hungrig sein oder die Reste einpacken lassen. Viele Kärntner machen den Sprung über die Grenze, um ein ausgiebiges Mittagsmahl einzunehmen. Täglich kann man aus vier Menüs und einer umfangreichen Karte auswählen. Von Calamari bis zum Beef Tartare gibt es alles in tadelloser Qualität.

Sehr gut beraten ist man mit einem Menü zum wohlfeilen Preis von 9,50 Euro. In der Suppe, die mit Nudel- oder Frittateneinlage auf den Tisch kommt, köchelt das Rindfleisch. Wir genießen es dann mit einer klassischen Krensauce und Stampferdäpfeln. Ob Kalbsbraten, Schweinsbraten, Rehschnitzerl oder in Schinken gerolltes Schweinsfilet: Alles schmeckt ausgezeichnet. Die Menüfolge beschließen Štruklji aus Buchweizenmehl mit Schwarzbeeren oder eine Vanillecreme mit Honig auf knusprigem Blätterteig. Überraschung: Hier kocht man noch süßen türkischen Kaffee traditionell im Kupferkesselchen.

GOSTIŠČE DELALUT

Dobja vas 119, 2390 Ravne na Koroškem
T. +386 2 8218240, Gostišče.delalut@siol.net

Öffnungszeiten: Montag bis Samstag 9 bis 22 Uhr, Sonntag 9 bis 16 Uhr

Neben internationalen Klassikern wie Beef Tartare, Calamari und Steakvariationen werden auch heimische Spezialitäten wie Mežerle, Buchweizensterz oder Kletzennudeln angeboten.

GOSTILNA LEČNIK

Trg svobode 4, 2390 Ravne na Koroškem
T. +386 2 8705654, www.lecnik.net

Öffnungszeiten: Montag bis Samstag 7:30 bis 22 Uhr, Sonntag Ruhetag

Täglich wird ein Menü mit Hausmannskost angeboten. Zum Beispiel Paprikahendl oder Kalbskotelett am Knochen. Berühmt ist das Beef Tartare aus der eigenen Fleischhauerei.

HIŠA ANČKA

traditionelle slowenische Küche | Gastgarten | Zimmer

Ančka ist ganz schön stylisch

Celjska cesta 5
2380 Slovenj Gradec
T. +386 5 9034829

Öffnungszeiten: Montag bis Freitag 8 bis 23 Uhr, Samstag 9 bis 24 Uhr, Sonntag 12 bis 16 Uhr

GANZ IN WEISS, mit einer prächtigen Treppe, präsentiert sich die Hiša Ančka am Rand von Slovenj Gradec/Slowenisch Graz. Der gemütliche Außenbereich mit einer großen Terrasse wurde erst kürzlich dem modernen Ambiente im Inneren angepasst, wo stylische Elemente, goldene Tapeten und eine geschmackvolle Einrichtung den Ton angeben.

Die Speisekarte ist slowenisch-international. Man bekommt sowohl eine Auswahl an Štruklji mit Buchweizen und Škuta (Topfen), aber auch überdimensionale Steaks von ausgezeichneter Qualität, Fischspezialitäten und variantenreiche, großzügig dekorierte Burger. Das Carpaccio sowie die üppige Kürbissuppe hätten mehr Würze vertragen – doch nachsalzen kann man ja immer. Eine köstliche Überraschung war der hausgemachte Minzesaft nach einem Rezept der Großmutter. Groß ist die Auswahl an Süßigkeiten in einer Vitrine, die Naschkatzen magisch anlocken. Wir probierten die Hugo-Wolf-Torte, eine Hommage an den großen österreichischen Komponisten, der 1860 in Slowenisch Graz/Slovenj Gradec geboren wurde. Er hätte sicher seine Freude an der schokoladigen Torte mit Kirschen und dicken Schokoladestückchen gehabt. Auf Wunsch bereitet man bei Ančka auch türkischen Kaffee mit Schlagobershaube zu.

Wenn man all das auf der sonnigen Terrasse genießen kann, ist die Freude doppelt groß. Danach bietet sich ein Spaziergang durch die sehenswerte Stadt an, wo die Maler Jože Tisnikar und Karel Pečko heimisch waren. Hugo Wolf wurde in seinem Geburtshaus ein Museum eingerichtet. Außerdem wird man nirgends so viele Eissalons, Kaffeehäuser und Konditoreien finden wie in der blitzsauberen Altstadt von Slovenj Gradec. ■

ANČKA

ANČKA

ANČKA

GOSTILNA MURKO

slowenische Hausmannskost | überdachter Garten | Zimmer

Wo aus der Suppe Pilze sprießen

BEI MURKO scheint die Zeit stehen geblieben zu sein. Es ist ein slowenisches Wirtshaus mitten in Slovenj Gradec, wie man es sich für jeden Ort wünschen würde. Ein blumengeschmücktes, schindelgedecktes Heumandl weist auf die Gostilna hin. Die vielen Töpfe mit bunten Geranien prägen die heitere Atmosphäre. Im Sommer spielt sich das Leben vor allem im Gastgarten ab, der durch eine Überdachung wetterfest gemacht wurde.

Wie es sich für ein ordentliches slowenisches Gasthaus gehört, glauben die Wirtsleute Murko-Hajtnik, dass alle Gäste hungrig sind wie nach drei Tagen Holzhacken. Denn die Portionen haben einen Umfang, der von Normalessern kaum zu bewältigen ist. Doch keine Sorge, hier bekommt man die Reste appetitlich eingepackt. Ein Sammelsurium verschiedener Pilze aus den umliegenden Wäldern findet sich in der deftigen Suppe, die es auf Wunsch auch mit Hadnsterz (Ajdova) gibt. Wer das Menü zum wohlfeilen Preis von neun Euro wählt, bekommt noch zwei handtellergroße Scheiben vom Kalbsbraten, eine große Schüssel Salat und Kartoffeln. Steakliebhaber sind mit einem gut abgelegenen Fleischstück mit Spiegelei gut bedient. Man beherrscht auch die Zubereitung verschiedenster Štruklji. Zum Schluss freut man sich über eine Schwarzbeersauce mit Vanilleeis und Schlagobers. Wenn man die ganze Bandbreite der großzügigen Speisekarte verkostet hat, geht man mit mehr Gewicht, aber glücklich nach Hause. ■

Francetova cesta 24
2380 Slovenj Gradec
T. +386 2 8838103,
M. +386 41 607131
www.gostilnamurko.com
vinko.murko-hajtnik@siol.net

Öffnungszeiten: Montag bis Freitag 9 bis 22 Uhr, Samstag 10 bis 22 Uhr, Sonntag 10 bis 17 Uhr

KOROŠKA HIŠA PRI LIPI

traditionelle slowenische Küche | Garten | Zimmer

„Unter der Linde sitz i gern“

SO LAUTET DIE TEXTZEILE eines alten Kärntner Liedes. Ein besonders schönes Exemplar steht Schatten spendend im Garten des Gasthauses in Muta, das selbstredend „Pri Lipi“ (unter den Linden) heißt. „Bei der Lipa wollen wir einkehren, weil gutes Essen wir begehren“, schrieb der slowenische Ethnologe Janez Bogataj, der sich mit slowenischem Essen bestens auskennt, auf die erste Seite der Speisekarte. Hier war nicht nur Bogataj gerne, sondern alle, die authentische slowenische Kost und eine nette Bleibe begehren. Gastwirtin Helena, eigentlich Hauswirtschaftslehrerin von Beruf, hat alte Rezepte der Großmutter aufgestöbert, die ihre Köche mit zeitgemäßer Kreativität und natürlichen Zutaten der Umgebung umsetzen. Wir befinden uns hier in Koroška und das Haus ist in typischem Kärntner Stil gestaltet. Auch die Speisen sind hier wie dort sehr ähnlich.

So sitzt man im Garten unter der großen Linde und harrt der Köstlichkeiten. Da wären einmal die Mežerli (Maischerln), gebratene Schweinsinnereien im Netz mit frischem Kartoffelsalat, die Koroška Škuta, frischer Topfen mit Kürbiskernöl, den Kräutern des Gartens und der süßen slowenischen Zwiebel, die man wie einen Apfel essen kann. Oder Pohorski Pisker, ein Eintopf mit drei verschiedenen Pilz- und Fleischsorten – ein deftiges Essen, das die Holzfäller und Kohlearbeiter der Gegend mit Vorliebe gegessen haben. Auch nicht zu verachten ist Helenas „Johannesschmaus“: Rinderfilet mit gedünsteten Äpfeln. Es ist eine Freude, dass immer öfter feine Štruklji, gefüllt mit Škuta, zu den Fleischspeisen serviert werden und die früher allgegenwärtigen Pommes abgelöst haben.

Dass man nach so einem liebevoll bereiteten Essen den selbst gemachten Heidelbeerschnaps herbeisehnt, ist eigentlich logisch. Daneben befindet sich übrigens die Rotunde „St. Johannes der Täufer“, es soll die älteste Kirche Sloweniens sein, sie wurde 1054 von Papst Leo IX. geweiht. ■

Mariborska cesta 12
2366 Muta
T. +386 2 8766090,
M. +386 41 722091
www.prilipi.si
info@prilipi.si

Öffnungszeiten: Montag bis Samstag 10 bis 21 Uhr, Sonntag 10 bis 17 Uhr

KREMŠNITA

Die Mehlspeise, die wackeln muss

WER WAR IŠTVAN Lukačevič? Der aus der serbischen Vojvodina nach Bled in Slowenien ausgewanderte Konditor ungarischer Abstammung war im Jahr 1953 der eigentliche Erfinder der Cremeschnitte, dem ultimativen Wahrzeichen slowenischer Kulinarik. Aus der hausgemachten „Krempita" seiner Heimat kreierte er die „Kremšnita". Die Echte, mit knusprigem Blätterteig, fluffiger goldgelber Vanillecreme und Schlagobers, die den zuckersüßen Geschmack der einstigen k. u. k. Monarchie in sich vereint. Cremeschnitten bekommt man heute ja fast in jeder Konditorei, die etwas auf sich hält, doch die echte, die einzig wahre mit der dicken Zuckerschicht obendrauf, die bekommt man nur im Café Park gegenüber dem Hotel Park auf der Promenade in Bled. Und wie erkennt man, ob es die Richtige ist? „Sie muss am Teller wackeln wie ein Pudding", sagt Slowenien-Spezialist Gery Jekl mit Kennermiene.

Ištvan war ein begnadeter und erfinderischer Konditor, er experimentierte in der Backstube des Parkhotels so lange, bis Geschmack und Konsistenz der sündigen Süßigkeit genau passten. Nicht nur die Besucher, die vor allem am Sonntag gerne an den Bleder See fuhren, um an der Wunschglocke des Insel-Kirchleins zu läuten und die gute Luft zu genießen, waren von der Leckerei angetan, auch die kommunistischen Bonzen erfüllten sich den Traum nach der „Süßspeise des Proletariats". In der Villa am See bezog Staatspräsident Tito sein Sommerdomizil und ließ sich des Öfteren die cremige Köstlichkeit servieren. Neben der Krainer Wurst gehörte auch die „Kremšnita" zu seinen bevorzugten slowenischen Gerichten.

Ganze Generationen von Konditoren verinnerlichten das Originalrezept, das natürlich „streng geheim" geblieben ist. Nur so viel: In über 60 Jahren wurden rund 14 Millionen Stück der original Bleder Cremeschnitte verkauft. Dafür wurden 380.000 Liter Obers, 863.000 Liter Milch, fast sieben Millionen Eier, 112 Tonnen Mehl, 300 Tonnen Zucker und 78 Tonnen Vanillezucker verarbeitet.

An sonnigen Wochenenden im Frühjahr und Herbst, wenn die Julischen Alpen eine Schneehaube tragen und der See in seinem schönsten Blau glitzert, werden bis zu 3000 Stück verkauft. Die Konditoren erinnern sich noch heute an ein rekordverdächtiges Wochenende in den 1970-Jahren, als der See zugefroren war und von den Eisläufern 7000 Cremeschnitten verputzt wurden. Größe und Anzahl der Kalorien sind über die Jahre gleich geblieben. Die 470 Kalorien einer Kremšnita sollen sich aber bei einem Spaziergang rund um den See wieder in Luft auflösen. Die meisten werden übrigens auf der Terrasse des Café Park genossen. Kein Wunder, ist doch die Aussicht von dort genauso verführerisch wie die Süßigkeit.

Interessant ist, welche Rolle die Zahl Sieben bei dem Cremewürfel spielt, sodass man tatsächlich von der „Siebener-Schnitte" sprechen könnte. Der Butter- oder Blätterteig wird von den Konditoren des Hotels Park von Hand gemacht. Dabei wird der feine Teig sieben Mal umgeschlagen (was die Blätter ergibt) und dann schön goldbraun gebacken. Die Creme aus Zucker, Eiern und Milch wird exakt sieben Minuten gekocht und dann mit festem Eischnee vermischt, was der Mehlspeise die wackelige Konsistenz verleiht. Die warme Masse wird auf den Blätterteig gestrichen und sobald die Creme ausgekühlt ist, wird eine Schicht Schlagobers aufgetragen. Eine zweite Blätterteighaube deckt den Würfel zu. Den Abschluss bildet eine dicke Schicht Staubzucker. Haben Sie erraten, wie groß die Würfel sein müssen? Exakt sieben mal sieben Zentimeter. Nach dieser Rezeptur entsteht die einzig wahre Kremšnita.

Nur einmal wird die Zahl Sieben vernachlässigt, nämlich bei der Zahl der Zuckerbäcker, die sie im Hotel Park herstellen. Es sind nämlich acht. Die Aufstockung des Personals hat wahrscheinlich mit der zunehmenden Beliebtheit des süßen Schnittchens zu tun. Damit auch wirklich jeder zu seiner Kremšnita kommt, hat man in der heutigen Zeit an alles gedacht. Man kann sie nett verpackt nach Hause nehmen (auch blechweise) und wer will, kann sie sogar im Drive-in-Verfahren erwerben, ohne aus dem Auto aussteigen zu müssen. Wenn das kein Service ist?

Und Istvan? Hätte er von jeder verkauften Schnitte nur einen Dinar, Tolar oder Euro bekommen, wäre er wohl ein reicher Mann geworden. So blieb er der einfache, erfinderische Zuckerbäcker vom Hotel Park. ■

KRALJ NUDELJCEV

Der König der Nudeln

IGOR ŠARŠANSKI war ein erfolgreicher Mitarbeiter im Unternehmen Mercur, nahe Kranj/Krainburg. 28 Jahre lang kümmerte sich der Informatiker um Software und Elektronik seiner Firma. Dann war im Zuge wirtschaftlicher Schwierigkeiten plötzlich Schluss. Das Unternehmen baute 700 Leute ab, darunter auch Igor Šaršanski. Nach dem anfänglichen Schock überlegte er: „Was könnte ich tun? Herumsitzen ist meine Sache nicht." Als er am Mittagstisch seiner Mutter bedächtig die kräftige Suppe mit den akkurat geschnittenen Suppennudeln löffelte, kam ihm die zündende Idee: „Ich werde Nudelproduzent!" In einer Region, in der Nudeln zur Leibspeise der Menschen zählt, kein abwegiges Unterfangen.

„Wir Krainer lieben Nudeln in allen Variationen", bekennt Andreja vom Tourismusbüro von Kranj. Sie gehören in eine tausendäugige Rindssuppe und sind vom Sonntagstisch nicht wegzudenken, sie passen als Beilage zum Rindsbraten oder als Nudelgericht mit allerlei Saucen. Einst beherrschte jede Hausfrau das Nudelmachen aus dem Effeff. „Die jungen Frauen haben allerdings nicht mehr so viel Zeit", schränkt Andreja ein.

Daher kam Igor mit seinen Nudeln 2010 gerade recht. Er krallte sich das Rezept seiner Mutter, richtete sich auf dem Dachboden ihres Hauses eine kleine Produktionsstätte ein und übte sich im Nudelmachen. Wann immer er Zeit fand, setzte er sich auf sein Motorrad und brauste zu Nudelmanufakturen in Italien und Serbien. Dort schaute er den Handwerkern über die Schulter, kam mit neuen Rezepten und Fertigungsmethoden nach Hause. Anfangs verkaufte er seine handgeschnittenen Nudeln auf Wochenmärkten in der Umgebung. Sie kamen so gut an, dass er bald ein kleines Geschäft in der Postgasse in Kranj eröffnen konnte. „Kralj Nudeljcev" („König der Nudeln") nannte er es und dachte dabei wohl an die Krönung seiner Aufbauarbeit.

Da sich der Jungunternehmer anfänglich die teure Miete nicht leisten konnte, griff ihm die Stadt mit einem Mietzuschuss unter die Arme. Sie hatte schließlich Interesse daran, leer stehende Geschäfte mit tüchtigen Unternehmern und einem attraktiven Angebot zu füllen. Jetzt produziert Igor gerade so viel, wie er frisch verkaufen kann, und verwendet dafür nur erstklassige Ingredienzien. „Auf einen Kilo Mehl kommen zehn Eier." Mehr lässt sich nicht aus ihm herauslocken. „Das Rezept werde ich meinem Sohn am Totenbett verraten", lächelt er verschmitzt. Der 20-Jährige hat schon durchblicken lassen, dass er in die Fußstapfen seines Vaters treten wolle, sieht er doch den Erfolg von dessen Arbeit.

Die Eier kauft Igor von seinem persönlichen Lieferanten, einem Bauern in Krško. „Die Farbe ist egal, die Eier müssen nur gut riechen", sagt er. Und

Igor Šaršanski
Postna ulica 3
4000 Kranj
T. +386 4 1773076
igor.sarsanski@gmail.com

das tun sie. Die verschiedenen Mehle, von Buchweizen bis Kamut, ordert er auf Wochenmärkten in ganz Slowenien, meist von jenen kleinen Produzenten, die noch eine eigene Mühle betreiben. „Nur das Beste für meine Nudeln." Und da stehen sie, appetitlich aufgereiht, in Zellophan verpackt in den Regalen: Suppennudeln, Bandnudeln verschiedener Breiten und Aromen. Zum Beispiel werden Bärlauch, Pilze, Tomaten, Paprika, Spinat, Sepia-Tinte, Oregano und allerlei Kräuter beigemischt. Auch Dinkel-, Kamut-, Amaranth-, Weizen-, Roggen-, Kastanienmehl geben den Nudeln die verschiedenen Geschmäcker.

Den geschmeidigen Teig lässt Igor hinter der Vitrine durch eine Maschine gleiten – so lange, bis er richtig dünn ist. Mit einer eleganten Handbewegung lässt er das Teigblatt auf die Holzablage segeln und zückt sein Messer. Ein altes abgegriffenes Werkzeug, das die Spuren des Alters nicht verhehlen kann. „Das Messer meines Großvaters", deutet er auf die schwarze Klinge, „es ist mindestens 150 Jahre alt." Noch schneidet es tadellos eine lange Nudel nach der anderen. Es hat ihm Glück gebracht.

Später werden die gelben Bänder auf selbst gemachten, mit Leinen bespannten Rahmen trocknen. Er stapelt sie nacheinander in ein Regal und ist zufrieden mit seiner Arbeit. „Ich habe jetzt ein herrliches Leben, keinen Stress mehr und bin frei in meiner Entscheidung", freut sich Igor. Dass er manchmal auch am Sonntag in seiner Werkstatt steht, hat nichts mit Überlastung zu tun, sondern mit der Freude an seiner Nudelproduktion. „Vielleicht", sinniert der Nudelkönig, „mache ich auch irgendwann gefüllte Nudeln." Aber dazu bräuchte er neue Maschinen, einen Mitarbeiter und dann artete seine Produktion in Stress aus. „Von dem, was ich jetzt mache, kann meine Familie gut leben. Was brauche ich mehr?"

SEHENSWÜRDIGKEITEN

HERRSCHAFTLICHES SCHLOSS BRDO

Das Renaissanceschloss nahe Kranj hat eine über fünfhundertjährige Geschichte. Vom Generalverwalter der Habsburger, Georg Egkh, erbaut, wurde es oft umgestaltet. Tito diente es als Sommerresidenz. Heute ist es das wichtigste protokollarische Gebäude des Landes. www.golfundhotel.com

ROMANTISCHES SCHLOSS STRMOL

Von den zwölf mittelalterlichen Burgen und Schlössern in der Gemeinde Cerklje na Gorenjskem ist Strmol das einzige, das noch vollständig erhalten geblieben ist. Es zählt zu den ältesten Schlössern Sloweniens. www.strmol-castle.si

PREŠEREN-STADT KRANJ

Die Stadt Kranj an der Kokra ist an und für sich schon sehenswert. Besondere Highlights sind das Layer Haus, Schloss Khislstein, die Plečnik-Treppe, die gotische Kanzian-Kirche mit Ossarium und das Haus des Nationaldichters France Prešeren. www.visitkranj.com

MITTELALTERLICHES ŠKOFJA LOKA

Sie ist die am besten erhaltene mittelalterliche Stadt Sloweniens (Bischoflack). Die beeindruckende Burg wurde im 16. Jahrhundert vom Bischof von Freising erneuert, seither haben sich Burg und Stadtbild nicht wesentlich verändert. www.visitskofjaloka.si

SCHMUCKES SLOVENJ GRADEC

Der Stadtkern von Slovenj Gradec (Slowenisch Graz) wurde zum schönsten Stadtkern Sloweniens gekürt. Die schmucken Häuser beherbergen mehrere Museen, die Koroška-Kunstgalerie oder das Regionalmuseum. Sehenswert sind auch das Geburtshaus des Komponisten Hugo Wolf und die Elisabeth-Kirche. www.slovenjgradec.si

NATURDENKMÄLER

NATURBELASSENES LOGAR TAL

Es gilt als eines der schönsten Täler Sloweniens im Herzen der Kamnik-Savinja-Alpen. Von hier aus kann man Wanderungen unternehmen oder die schöne Landschaft genießen. www.viamichelin.at

BLEDER SEE MIT INSEL

Romantische Destination: Der See mit der kleinen Insel mit Kirche, dem Wunschglöcklein und der beeindruckenden Landschaft rundum gehört zu den meistbesuchten Sehenswürdigkeiten. www.bled.si

TRIGLAV NATIONALPARK

Der Triglav ist mit 2864 Metern der höchste Berg Sloweniens. Auch die bizarren Berge der Julischen Alpen haben es in sich. Der Triglav-Nationalpark ist der einzige in Slowenien und umfasst das Trenta-Tal und den Bohinjer See. www.bergwelten.com

MEŽICA-BERGWERK

Mit dem Kajak durch das klare Wasser der Mežica-Höhlen, dem einstigen Bergwerk des Tales, zu paddeln ist etwas für Abenteurer. Es ist die neue Attraktion des grenzüberschreitenden Geoparks Karawanken. www.geopark-karawanken.at

ÄLTESTE LINDE (NAJEVSKA LIPA)

Der ausladende Baum mit seinem dichten Blätterdach und dem mächtigen Stamm befindet sich im Dorf Najovnik und soll eine der ältesten Linden Sloweniens sein. Die Linde (Lipa) ist der Nationalbaum Sloweniens. www.modrijan.si

UNTERKÜNFTE

HOTEL ACTUM

Das Hotel in Kranj, Prešernova ulica 6, ist eine Villa aus dem 19. Jahrhundert. Neben Restaurant und Sauna gibt es eine Oldtimerausstellung. www.actum-hotel.com, T. +386 5 9082400

VILA BLED

Die Villa liegt direkt am Bleder See inmitten eines großen Parks. Sie ist die ehemalige Sommerresidenz des einstigen Staatsführers Tito (Cesta svobode 18). www.brdo.si, T. +386 4 5753710

GARDEN VILLAGE BLED

Ein ökologisch gestaltetes Feriendorf bei Bled, das sich mitten im Wald an einem Bach befindet. Auch zum Selbstversorgen (Cesta Gorenjskega obreda), 4260 Bled.
www.gardenvillagebled.com, T. +386 8 3899220

HIŠA ANČKA

Familiäres Hotel in Slovenj Gradec, mit Restaurant mitten im Zentrum. Einfache, funktionelle Zimmer und schöner Garten (Celjska cesta 5).
www.hisa-ancka.com, T. +386 5 9034829

HOTEL DRAVOGRAD

Funktionelles, preisgünstiges Dreisternehotel in Dravograd für kurze Aufenthalte. Ideal, um die Umgebung zu erkunden (Koroška cesta 48), www.hotel-dravograd.com, T. +386 2 8280080,

URLAUB AM BAUERNHOF

ŠENKOVA DOMAČIJA

Mitten in der bizarren Landschaft der Steiner Alpen in Zgornja Jezersko 140, lassen sich stilvolle Ferien verbringen. Selbst produzierte Produkte. www.senkovadomacija.si, T. +386 31 777188

BAUERNHOF PLODER

Die Familie überrascht in Šentanel 3 bei Prevalje ihre Gäste mit hausgemachten Delikatessen, Most, Schnaps, Marmeladen und frisch gebackenem Brot. www.kmetja-ploder.com, T. +386 41 867375

BAUERNHOF KLEVČ

Auf der Farm von Helena Klevč in Šmartno, Legen 151, ist es heimelig. Die hausgemachten Spezialitäten und die Jause sind auch bei Tagesgästen sehr beliebt. www.klevz.si, T. +386 2 8853069

TOURISMUS-FARM PERK

Im beeindruckenden Logarska Dolina, Solčava 23, befindet sich der gemütliche Bauernhof. Hier bleibt der Stress vor der Tür. Drinnen gibt es hausgemachte Gerichte. www.perk.si, T. +386 3 5847120

BAUERNHOF PLAZNIK

Der Bauernhof in Črna, Bistra 14, ist Ausgangspunkt schöner Radtouren und Wanderrouten (Stollenwanderung mit dem Rad).
www.turisticna-kmetja-plaznik.com, T. +386 2 8238022

SPORTEINRICHTUNGEN

GOLFPLATZ BRDO ESTATE

Der Golfplatz im Brdo Estate eignet sich für Familien und Geschäftsleute. Driving Range, Pitch- und Put-Course. www.brdo.si/golf, T. +386 4 2601677

GOLFCLUB BOVEC

Mit den Julischen Alpen als Kulisse lässt es sich perfekt abschlagen. Der Golfplatz existiert in vollendeter Harmonie mit der Natur. www.golfbovec.si, T. +386 40 466900

ROYAL BLED

Der größte Golfplatz Sloweniens hat eine lange Tradition bis ins Jahr 1937. 18-Loch-Königskurs und Neun-Loch-Seekurs. www.royalbled.com, T. +386 1 2009901

SKIFAHREN IN KRANJSKA GORA

Von Kranjska Gora bis Planica auf den Hängen des Vitranc in einer Höhe von 800 bis 1250 Metern reihen sich sechs Sesselbahnen und 13 Schlepplifte. www.kranjska-gora.si, T. +386 4 5809400

NORDISCHES ZENTRUM PLANICA

Planica ist das Zentrum fürs Skifliegen mit sieben Schanzen, Langlaufloipen und Skipolygon im Sommer, Planica Seilrutsche und ein Adrenalin-Center für Jugendliche. www.kranjska-gora.si, T. +386 4 5809440

THERMEN

THERME TOPOLSICA

Eine wunderschöne Thermenlandschaft inmitten einer lieblichen Natur. Zahlreiche Thermalbecken, wohltuende Anwendungen und moderne Unterkunftsmöglichkeiten. www.terme.topolsica.si

THERME DOBRNA

Therme mit der längsten Tradition Sloweniens. Das Kurhaus im Kurpark datiert in das Jahr 1624. Moderne Hotels und authentische Urstein-Bäder. www.de.terme-dobrna.si

THERME ŽRECE

Das belebende Wasser der Therme ermöglicht zahlreiche Kuranwendungen im und mit dem Wasser. Vor allem nach Verletzungen des Bewegungsapparates. www.terme.zrece.eu

THERME LAŠKO

Termana-Park ist eines der modernsten Thermalzentren Sloweniens. Das wohltuende Thermalwasser entgiftet den Körper. Ayurveda-Kuren und Yoga. www.thermana.si

THERME OLIMIA

Die Hauptattraktion sind die Schwimmbecken Termalija mit 2000 Quadratmetern Wasserfläche und der größten Saunalandschaft Sloweniens. www.terme-olimia.com

GESCHÄFTE

ZECIRI PEKARSTVO (BÄCKEREI)

Man muss früh genug kommen, um in der Bäckerei in Ravne, Trg svobode 1, noch etwas von den köstlichen Buchweizen-Backwaren zu ergattern. Zahlreiche Brotsorten. T. +386 5 1712878

MESARIJA LEČNIK (FLEISCHHAUEREI)

Zu den Feiertagen kaufen die Kärntner im nahen Ravne kiloweise fertiges Beef Tartare in der Fleischerei, Trg svobode 4. An Donnerstagen gibt's frisches Kalbfleisch. www.lecnik.net, T. +386 2 8705650

PERGER 1757

Lebkuchen und Backwaren aus Slovenj Gradec, Glavni trg 34, sind kleine Kunstwerke, die sich auch als Geschenk eignen. Große Auswahl an Keksen, Ölen, Kerzen und Zuckerln. www.perger1757.si, T. +386 2 8841496

HONEYHOUSE BLED

Auch Honig ist in Slowenien beheimatet. Im Honighaus in Bled kommt man erst drauf, wie viele verschiedene Honigsorten es eigentlich gibt. www.honeyhouse.si, T. +386 4 6209700

DELIKATESSEN FIGA

In dem Delikatessengeschäft in Kranj, Prešernova ulica 9, kommt man erst auf den Geschmack: Salami, Schinken, Käse, Liköre, Säfte, Weine, Schokolade, Kekse, Nüsse. www.delikatesa-figa.si, T. +386 8 2003517

KULINARISCHE FESTE

WEINROUTE IM KRAINER TUNNEL

Im alten Tunnelsystem unter der Stadt Kranj findet Mitte November eine Weindegustation statt. Die besten Weinmacher Sloweniens bieten ihre Weinproben an. www.visitkranj.com/sl/vinska-pot-kranj

FEST FÜR NASCHKATZEN IN RADOVLICA

Ende April ist die „Hoch-Zeit" für Schokoladefans. Über 50 Aussteller aus Slowenien, Italien und Kroatien präsentieren süße Köstlichkeiten in Radovlica, der Hochburg der Schokolade. Die bisher größte Tafel wog 1450 Kilogramm. www.festival-cokolade.si

KOSTEN IN RADOVLICA

Von Anfang bis Ende November werden typische lokale Gerichte geboten, die jedes Jahr unter einem anderen Motto stehen. Zum Beispiel dem Honig. www.slovenia.info

FEST DER KRAINER WURST

Der als Kulturerbe gehandelten und von der EU geschützten Krainer Wurst wird Ende August in Sora bei Medvode ein eigenes Fest gewidmet. www.krainer.co.at

POTICA-TAGE IN BLED

Anfang Dezember zeigen die besten Poticaköche auf der idyllischen Insel des Bleder Sees ihr Können beim Poticabacken. www.bled.si/en/events

TYPISCHE SPEISEN

ŠTAJERSKA KISLA JUHA (SAURE SUPPE)

Die saure Suppe, die beim Schlachtfest aus Schweinshaxen, Schweineschwanz und -kopf sowie Gemüse und Kartoffeln mit Wein eingesäuert wird, gehört zu den beliebtesten Gerichten.

OLBIČ ALI POHORSKI ŽGANCI (KARTOFFELSTERZ AUS POHORJE)

Der besondere Sterz, der auch als eigenes Gericht durchgeht, wird aus Kartoffeln und Maismehl gerührt. Er wird großzügig mit Grammelschmalz abgeschmalzen.

MEŽERLI (MAISCHERLN)

Ein Gericht aus Schlachttagen. Zubereitet werden die Mežerli aus Innereien, zum Beispiel aus Lamm-, Schweine- oder Kalbsnieren. Dazu kommen reichlich Gewürze, Weißbrot und Eier.

ČEŠPLEVA JUHA (ZWETSCHGENSUPPE)

Eine Milchsuppe mit Hirse. Um sie schmackhafter zu machen, werden getrocknete und gekochte Dörrzwetschgen zugefügt.

KOROŠKI KRUHOV HREN (SEMMELKREN)

Eine typische Beilage zu Rindfleisch und Röstkartoffeln aus der Region Koroška. Er wird aus Weißbrot und geriebenem Kren hergestellt und mit Rindfleischsuppe, manchmal auch Rahm, sämig gemacht.

TYPISCHE PRODUKTE

POHORSKA BUNKA (GEPÖKELTER SCHINKEN)

Der Schinken aus Pohorje ist eine besondere Spezialität. Der Schweinemagen wird mit gepökelten Schweinefleischstückchen bester Qualität gefüllt, leicht geräuchert und getrocknet.

ŽABELJENI (HOPFEN)

Im Norden Sloweniens gedeiht vorzüglicher Hopfen. Er ist nicht nur das wichtige Grundprodukt für die Biererzeugung, findige Köchinnen zaubern daraus feine Gerichte.

ŠKUTA (TOPFEN)

Škuta ist der slowenische Topfen, der auf vielerlei Arten zubereitet wird. In der Region Koroška zum Beispiel mit Zwiebeln, Gewürzen, Schlagobers und Kräutern. Darüber kommt reichlich Kürbiskernöl.

AJDNEK (BUCHWEIZENKUCHEN)

Buchweizen ist eine wichtige Getreidesorte in Slowenien. Nicht nur Brot, sondern auch Sterz und Kuchen werden daraus gemacht. Der Ajdnek besteht aus mehreren Teigschichten.

BUČNO OLJE (KÜRBISKERNÖL)

Überall in der Region Koroška liegen im Herbst die Kürbisse am Feld. Daraus wird das dickflüssige, nussig schmeckende Kürbiskernöl gewonnen.

WEST-SLOWENIEN

Von roten Weinen und weißen Pferden

Eine Region von beeindruckender Vielfalt. Von der türkisen Soča über Karstlandschaften, die Weinhügel der Goriška Brda und des Vipava-Tals bis zu den Höhlen von Skočjan und den weißen Pferden von Lipica. Hier geht die Natur verschwenderisch mit ihrem Reichtum um.

VIPAVA- UND KARST-ROUTE

Vorschlag für eine zweitägige Rundreise im Vipava-Tal und im Karst

1. TAG

- *Besuch des Weingutes Guerila mit Jause und Weinverkostung*
- *Besuch der Städtchen Vipava, Križ und Goče*
- *Abendessen in der Majerija mit Verkostung der selbst gebrannten Liköre*
- *Übernachten in der Majerija*

2. TAG

- *Fahrt nach Štanjel in den Karst und Besichtigung des Schlosses und der Ferrari-Gärten*
- *Mittagessen in Kobjeglava bei Simon Komel (im Sommer im Bistro Grad Štanjel)*
- *Fahrt über Dutovlje mit Weinverkostung bei Boris Lisjak*

HIŠA ŠTEKAR

slowenische Küche | Zimmer | Garten

Bauernküche im historischen Haus

IN DEM GEPFLASTERTEN HOF fühlt man sich sofort wohl. Töpfe mit bunten Blumen und eine mächtige violette Bougainvillea, die sich an der Hausmauer emporrankt und über das Geländer klettert, verleihen dem Bauernhaus am Rand der Goriška Brda etwas Mediterranes. Das Bauernhaus geht auf das Jahr 1665 zurück und ist noch ein Überbleibsel lokaler Architektur. Die niedrige Gaststube mit den Deckenbalken und den kleinen Fenstern hat etwas Heimeliges. Kirschbäume, Weinberge, der Kräutergarten liefern die Zutaten für die schmackhafte Küche der Wirtin, die vor lokalen Spezialitäten nur so strotzt. Kräftige Suppen mit selbst gemachten Nudeln, die Mineštra, eine dicke Gemüsesuppe, friulanische Frtalje (Kräuteromelette), Bandnudeln mit kräftigen Saucen, gut gewürzte Braten aus dem Rohr, Pohača und Kirschstrudel begeistern Gäste, die kräftige Bauernkost lieben. Wobei die Jahreszeiten in der Küche immer Beachtung finden.

Hausherr Roman ist für die Weinberge und den Weinkeller zuständig. Er keltert Rebula, Cabernet Sauvignon, Chardonnay und Merlot, für die die Gäste der Hiša Štekar dankbar sind. Für Gruppen oder gegen Voranmeldung tischt man all die herzhaften Köstlichkeiten gerne auf – ein wirklich besonderer Platz.

Snežatno 26 a
5211 Kojsko
T. +386 5 3046540
M. +386 41 413083
www.stekar.si
stekar@siol.net
Öffnungszeiten auf Anfrage

BELICA

traditionelle Küche | großer Gastgarten | Zimmer

Rote Kirschen beim „Weißen“

BELICA heißt auf Slowenisch „weiß“. Weil Nonno Pepe Mavrič weißblonde Haare und einen sehr hellen Teint hatte, wurde er der „Weiße“ genannt. Daher nannte man auch kurzerhand das Weingut und das dazugehörige Anwesen im bezaubernden Ort Medana in der Goriška Brda „Belica“. Und weil die Familie Mavrič dazu noch sehr weise war, hat man einen florierenden Betrieb mit Restaurant, Schinkenproduktion, Weinbau sowie zwölf sehr schönen Zimmern aufgezogen. Medana und Umgebung ist das Epizentrum des Weißweins. Viele der besten Weinproduzenten der Brda sind dort angesiedelt: Simčič, Kristančič, Movia, Dolfo und eben Belica. Man kann sich vorstellen, dass man dort bestens bewirtet wird.

Meri Mavrič ist eine exzellente Köchin. Wenn man das Glück hat, einen Platz auf der von Weinranken beschatteten Terrasse oder im kühlen Gastraum zu ergattern, kann man sich auf typisches slowenisches Essen freuen, das vom nahen Italien beeinflusst ist. Wunderbar die weiße Polenta mit Eierschwammerlsauce oder das Kräutersoufflé mit Käsesauce. Der Spinat und die Stampfkartoffeln werden im Pfandl schön heiß serviert. Das leicht gegrillte Kalbskotelett dazu ist ein Gedicht. Den wunderbaren Abschluss macht ein Kirschstrudel oder eine Kirschmousse. Die blutroten Herzkirschen verdankt man Kaiserin Maria, die in der gesamten Brda Kirschbäume pflanzen ließ. Sie sind ein Exporthit, daher sollte man Anfang Juni das Kirschenfest nicht versäumen, wo man sich den Bauch mit den kleinen, roten Vitaminbomben vollschlagen kann. ■

BUŽINEL

Peševo 37a, 5212 Dobrovo v Brdih
T. +386 31 671705, www.buzinel.si

Öffnungszeiten: Donnerstag bis Samstag von 12 bis 15 Uhr und von 18 bis 23 Uhr, Sonntag von 12 bis 16 Uhr. Montag und Dienstag Ruhetage

Von der Terrasse kann man an klaren Tagen das Meer sehen, auch deshalb hat man sich auch mitten in der Brda der mediterranen Fischküche verschrieben. Von frischen Muscheln bis Branzin ist alles zu haben.

Medana 32,
Goriška Brda
5212 Dobrovo v Brdih
T. +386 5 3042104
www.belica.net,
info@belica.net

Öffnungszeiten: Dienstag bis Sonntag von 12 bis 22 Uhr, Montag Ruhetag

KLINEC

bodenständiger Agriturismus-Betrieb | Terrasse | Zimmer

Ein Herz für Kirschen

HIER BEKOMMT MAN jede Menge Landschaft mitserviert. Wenn man auf einem der einfachen Holztische vor dem Gasthaus unter der Laube Platz nimmt, schweift der Blick über die grünen Weinhügel der Goriška Brda, an klaren Tagen bis hin zum Meer. Schon die Aussicht würde für Aleks und Simona Klinec sprechen. „Das Leben und die Arbeit in und mit der Natur haben uns gelehrt, dass die einfachsten Dinge oft die besten sind", sagt Simona. Die Rezepte für die typischen Speisen der Gegend stammen noch von der Großmutter, die Produkte aus der näheren Umgebung, die Weine (auch Orange Wine) vom eigenen Weingut.

Durch die urigen Gaststübchen zieht oft der feine Duft einer Minestrone, einer Selleriesuppe oder eines saftigen Steaks. Denn Klinec arbeitet noch mit einem uralten Fogolar (Grillkamin), wo um die Mittagszeit das mürbe Fleisch gemeinsam mit Kräutern brutzelt. Gemüse, Kräuter, Obst, Oliven gedeihen unter sommerlicher Wärme und das schmeckt man. Schließlich befinden wir uns hier im Epizentrum der dicken, reifen Herzkirschen.

Sehr bodenständig schmecken eine Art Pastete aus Schweinshals (sieht aus wie Pulled Pork) und die Škuta (Topfen) mit Kräutern und Kernöl. Weil wir uns sehr nahe dem italienischen Collio befinden, heißen die Nudeln auch Tagliatelle, man bekommt die Fleischsauce hier allerdings mit Kapaunstücken. Wenn nicht gerade Kirschenzeit ist, serviert Simona eine Torte mit einer dicken Schokoglasur. Der Mokka wird noch authentisch am Herd gekocht. Eine neuzeitliche italienische Kaffeemaschine hat nämlich bei Klinec noch nicht Einzug gehalten.

Medana 20
5212 Dobrovo v Brdih
T. +386 5 3959409
www.klinec.si
klinec@klinec.si

Öffnungszeiten: Freitag 19 bis 22 Uhr, Samstag 12:30 bis 15 Uhr und 19 bis 22 Uhr, Sonntag 12 bis 16 Uhr, Montag bis Donnerstag Ruhetage

DOMAČIJA KABAJ MOREL

Šlovrenc 4, 5212 Dobrovo v Brdih
M. +386 41 454002, www.kabaj.si

Öffnungszeiten: Freitag 19 bis 23 Uhr, Samstag 12:30 bis 15 Uhr und 19 bis 23 Uhr, Sonntag 12:30 bis 16 Uhr

Die einfache und schmackhafte Küche der Brda geht mit den exzellenten Weinen von Jean Michel Morel eine unschlagbare Kombination ein. Fritaja und Prosciutto muss man probieren.

RESTAVRACIJA PIKOL

Terrasse | Zimmer

Das Blockhaus am Seerosenteich

DAS NETTE PAAR Maruška und Tadej Gašparin gehört zu den Jeunes Restaurateurs (JRE). Ihre Philosophie ist so simpel wie zeitgemäß und den Richtlinien der JRE-Gruppe angemessen: „Wir kreieren traditionelle Gerichte mit einem modernen Twist." Auf jeden Fall wird bei Pikol Slow Food zelebriert, man sollte sich also Zeit zum Genießen nehmen.

Wenn man die Hauptstraße verlässt und über die Vtrojbica-Brücke fährt, erblickt man zuerst einen Teich, über und über bedeckt mit Wasserlilien und Seerosen. Das Blockhaus am Waldesrand scheint der Wildnis von Kanada entsprungen zu sein. Es beherbergt das elegante Restaurant mit den weiß gedeckten Tischen und den Lampen in den Fenstern, die heimeliges Licht spenden. Ein idyllischer Platz – weiß Gott. Italien ist nahe, daher sind auch dessen Einflüsse zu schmecken. Natürlich bekommt man hier die Görzer Rose, eine feine Spielart des Radicchio. Hier wird sie zart geröstet und auf Erbsensauce angerichtet.

Bekannt ist der Pikol für seine Fischspezialitäten. Fisch und Meeresfrüchte kommen täglich frisch von der Oberen Adria. Manche sagen, es sei eines der besten Fischlokale Sloweniens. Da lohnt es sich, zu den angebotenen Menüs zu greifen. Vom fünfgängigen „Short Menü" (30 Euro) bis zum neungängigen „Contemporary Menü" (90 Euro), reicht das Angebot. Ein Genuss sind die Capesante auf dreierlei Art oder die kross gebratenen Tintenfische mit Spargel auf Kartoffel- oder Erbsenpüree, Tintenfischravioli und ein Rombo, bedächtig im Rohr gegart.

Die Weine stammen aus den besten Häusern, wie zum Beispiel der Sauvignon von Movia, Gaube, der Sekt von Bagueri. Tadej ist auch der Sommelier des Hauses und weiß über Weine ebenso Bescheid wie über die richtige Kombination der Speisen. Den (italienischen) Espresso trinkt man dann auf der Terrasse mit Blick auf den idyllischen Teich, in dem die Fische getrost herumschwimmen dürfen, sie werden nämlich nicht gefangen.

Vipavska cesta 94
5000 Nova Gorica
T. +386 5 3334523
M. +386 41 687 251
www.pikol.si
info@pikol.si

Öffnungszeiten: Montag, Donnerstag, Freitag, Sonntag von 12 bis 15 Uhr und 19 bis 22 Uhr, Samstag von 19 bis 22 Uhr, Dienstag und Mittwoch Ruhetage

GOSTILNA PRI HRASTU

Kromberška cesta 2, 5000 Nova Gorica
T. +386 5 3027210, M. +386 41 486 445,
www.gostilna-prihrastu.si, info@gostilna-prihrastu.si

Öffnungszeiten: Montag bis Freitag von 11 bis 23 Uhr, Samstag und Sonntag von 12 bis 24 Uhr

Hier bekommt man typische Gerichte aus der Primorska sowie gegrillte serbische Fleischgerichte in bester Qualität. Selbst gebackenes Brot und Karstspezialitäten begeistern sowieso.

RESTAVRACIJA MAMA

Ajševica 33, 5000 Nova Gorica
T. +386 51 415 588, M. +386 5 3365728,
www.restavracija-mama.si, info@restavracija-mama.si

Öffnungszeiten: Montag bis Donnerstag 12 bis 22 Uhr, Freitag 12 bis 23 Uhr, Sonntag 12 bis 15 Uhr

Vier Freunde betreiben ein modernes Restaurant und eine außerordentlich gut bestückte Vinothek. In dem italienisch inspirierten Lokal bekommt man Fisch und Fleisch sowie Pastagerichte.

CALYPSO

Kidričeva ulica 7, 5000 Nova Gorica
M. +386 5 3363149,
www.thecasinoperla.com

Öffnungszeiten: Sonntag bis Donnerstag von 19 bis 23 Uhr, Freitag und Samstag 19 bis 1 Uhr

Stylisches und elegantes Restaurant, wo man der allerfeinsten Mittelmeerküche frönt. Die Menüs aus Sinigojs Fischvariationen können sich sehen und vor allem schmecken lassen.

RESTAVRACIJA DAM

moderne, gehobene Küche

Das Designwunder

Ulica Vinka
Vodopivca 24
5000 Nova Gorica
T. +386 5 3331147
M. +386 41 337443
www.restavracija-dam.si
info@restavracija-dam.si

Öffnungszeiten: Dienstag bis Freitag 12 bis 14:30 und 19 bis 23 Uhr, Samstag 19 bis 23 Uhr, Sonntag und Montag Ruhetage

SCHON WENN MAN die über die Schwelle tritt, weiß man: Hier befindet man sich in einer überdurchschnittlichen Location. Das Interieur, in beruhigenden Braun- und Beigetönen gehalten, folgt dem Zeitgeist. Gläser, Tischwäsche, Blumen – alles ist stylisch und perfekt aufeinander abgestimmt. Das nahe Italien lässt grüßen. Dabei ist die Gegend alles andere als nobel. Davon sollte man sich aber nicht abschrecken lassen.

Kreativität herrscht in der Küche wie auch auf den Tellern. Die akkurat angerichteten Speisen sehen aus wie ein farblich abgestimmtes Gemälde. Wer auch dem Auge ein Fest bieten möchte, ist bei Dam richtig. Uroš Fakuč, der Chef de Cuisine, berät fachkundig und freundlich. Leicht hat er es in dieser Ecke nicht gerade, Italien mit seinen zahlreichen Restaurants und Trattorien liegt quasi vor der Haustüre, doch das dürfte Uroš noch beflügeln. Firlefanz ist des Küchenchefs Sache nicht. Alles ist pur gekocht und angerichtet. Zum Beispiel Sardinen, die in bestem Olivenöl gebraten werden, oder Garnelenrisotto, das auf den Punkt gegart und sehr nach Meer schmeckt. Auch nach mehr, denn es ist wirklich köstlich. Wenn man eine Vorliebe für „Crudi" hat wie Uroš, muss man sich nach den frischesten Meerestieren umschauen. Dann wird zum Beispiel die gemischte Fischplatte mit Austern oder das Seebarsch-Sashimi zu einem Fest der Sinne – zurückhaltend und nur mit besten Ölen geadelt. Bei den Desserts lässt Uroš erst recht seinen Einfallsreichtum spielen. Die Weinauswahl ist beeindruckend. Es gibt wahrscheinlich keinen slowenischen Wein, den man in der angeschlossenen Enothek nicht findet. ■

GOSTILNA RAHELA

slowenische Küche | Sitzgarten | Zimmer

Das Pastarezept vor der Haustüre

„ICH MACHE ALLES SELBST“, deutet Wirt Dean auf seine Hände, während er dünne Scheiben des fein geräucherten Prosciutto von der Keule säbelt. Die Schinkenteile reifen im Keller des Gasthauses Rahela am Beginn des Vipava-Tals, nahe Görz. Daher sollte man ein Menü immer mit einer gemischten Vorspeisenplatte beginnen, denn Dean legt sein Herzblut in die Herstellung der Wurstwaren. Rahela hieß die Großmutter, und von ihr stammen die alten Rezepte, nach denen Dean heute noch die Gerichte zubereitet.

Verständlich, dass in der von Italien inspirierten Region Pasta, Risotto und Gnocchi die Speisenpalette dominieren. Die Saucen sind köstlich und hausgemacht, denn im Vipava-Tal wächst buchstäblich alles vor der Haustüre. „Ich brauche nur hinausgehen und das Gemüse ernten, das gerade wächst, und schon habe ich ein Pastarezept“, sagt Wirtin Tea. Fisch und Fleischgerichte sind köstlich, das Fleisch stammt vom eigenen Hof.

Sehr erfinderisch ist Dean bei der Zubereitung von Desserts. Sie werden thematisch von den Jahreszeiten bestimmt. Einfach, aber köstlich ist das Kaki-Mousse mit einer Schlagobershaube. Stets sind eine Potica und frisch gebackenes Brot vorrätig – eine Freude zur Schinkenjause. Wenn man auf der Terrasse sitzt, blickt man auf die Weinberge des Weingutes Čebron und das Vipava-Tal und freut sich auf einen guten Schluck Zelen oder Malvasia aus dem hauseigenen Keller.

Domačija Čebron
Preserje 6la
5295 Branik
T. +386 5 3057080
www.cebron.eu
dean.sp@siol.net

Öffnungszeiten: Freitag bis Sonntag von 12 bis 22 Uhr, Montag bis Donnerstag nach Vereinbarung

PODFAROVŽ

Ulica Ivana Sceka 2, 5271 Vipava
T. +386 40 638470,
www.podfarovz.si, info@podfarovz.si

Öffnungszeiten: Mittwoch bis Sonntag von 12 bis 22 Uhr. Montag, Dienstag Ruhetage

Hier bekommt man typische Gerichte aus dem Vipava-Tal serviert, allerdings mit viel Kreativität verfeinert. Fisch- oder Wildcarpaccio gehören zu den Spezialitäten des Hauses.

GOSTILNA THEODOSIUS

gehobene Küche | Garten | Zimmer

Wo Theodosius einst kämpfte

WARUM TRÄGT EINE GOSTILNA mitten im lieblichen Vipava-Tal den Namen Theodosius? Jenes oströmischen Kaisers, der im Jahr 394 in der Schlacht am Frigidius seine weströmischen Rivalen Arbogast und Eugenius bezwang und damit dem Christentum den Sieg über die römische Religion ermöglichte. Weil es dazu so eine schöne Geschichte gibt, die überall herumerzählt wird, hat der junge Chef Gregor Lisjak sein Lokal nach Theodosius benannt. Es heißt laut Legende, dass die Bora, die hier besonders wild toben soll, die Pfeile der Heiden im Flug umgedreht und diese selbst getroffen haben sollen.

Doch außer der Münze mit dem Haupt des Feldherrn Theodosius an der Hauswand des Lokals erinnert nicht viel an die Römer. Es ist eine schicke und dennoch gemütliche Gostilna, wo es zeitgemäße Gerichte gibt. Zum Beispiel ein Caprese aus selbst produziertem Ziegenfrischkäse mit hauseigenen Tomaten oder eine feine Selleriecreme mit eleganten Bitternoten zu einer besonderen körnigen Polenta, eine autochthone Maissorte, die nur hier im Tal gedeiht. Das Graupenrisotto ist ebenfalls eine Hommage an die Gegend. Auch die Tagliatelle mit einem Ragout vom Wildhasen aus den nahen Wäldern sind ein Zeichen für Gregor Lisjaks Hang zur Regionalität. Regional auch die Weine, die im Vipava-Tal von besonderer Qualität sind: Im Keller lagern die besten Tropfen der hiesigen Weinmacher. ■

Vrhpolje 80B
5271 Vipava
T. +386 40 232090
www.gostilna-theodosius.si

Öffnungszeiten: Montag, Dienstag 12 bis 23 Uhr, Freitag 18 bis 24 Uhr, Samstag 12 bis 24 Uhr, Sonntag 12 bis 17 Uhr, Mittwoch, Donnerstag Ruhetage

MAJERIJA

slowenische Küche mit modernem Touch | Zimmer | Terrasse

Das Aroma von Bora und Sonne

„**AROMA** von Bora und Sonne". Damit wirbt man in dem alten Hofgut Majerija im Vipava-Tal. Sonne war gestern. Heute weht die Bora, dass es durch Mark und Bein geht. Sie fährt durch die gerade von den Trauben befreiten Weinreben und rüttelt an den gut gesicherten Geranien am Fenster. „90 Tage im Jahr weht die Burja", erklärt Matjaž, Koch und Chef des Hauses gleichmütig. „Hier kreuzen sich die Winde vom Berg Nanos und dem Meer." Was soll's. Hinter den dicken Mauern der Meierei fühlt man sich geborgen und blickt durch die kleinen Fenster hinaus in den Sturm. Draußen fallen die Kastanien von den Bäumen und die Tische werden endgültig hineingeräumt. Nur die Frau des Hauses wagt sich hinaus in den großen Garten, wo eine Unzahl von Kräutern, Gemüse, Lavendel wächst. Sie schneidet ab, was der Küchenchef gerade benötigt.

Wir entscheiden uns für ein fünfgängiges Menü und lassen uns überraschen. Das ist eine gute Idee, denn alles, was aufgetragen wird, schmeckt herrlich. Angefangen vom Beef Tartare mit Apfelstückchen und frischem Kren, über Žlikrofi mit Minze und Tomatensauce bis hin zu einem Traum von einer gefüllten und überbackenen Palatschinke. Die Fülle aus Zucchini und Steinpilzen schmeckt grandios. Witzig sind die „Zigarren" aus einem dünnen Schweinsstück, eingerollt in Lardo und gefüllt mit Rucola. Zum Abschluss freuen wir uns über ein Pistazien-Joghurt-Törtchen mit frischen Früchten und Pistazienkrokant. Zum Espresso kann man aus drei Sorten Zucker wählen – von hell- bis dunkelbraun.

Zu erwähnen sei noch, dass so ziemlich alle bedeutenden Weingüter des Vipava-Tales mit ihren Weinen der Sorten Zelen, Rebula und Pinela gelistet sind. Liköre, Pelinkovac, Grappe, Marmeladen, Sirup und Honig aller Art produziert die Majerija in bester Qualität selbst.

Slap 18
5271 Vipava
T. +386 5 3685010
www.majerija.si
info@majerija.si

Öffnungszeiten: Donnerstag bis Samstag von 12 bis 15 Uhr und von 18 bis 22 Uhr, Sonntag 12 bis 17 Uhr, Montag bis Mittwoch nur für Gruppen gegen Voranmeldung

GOSTILNA PRI LOJZETU DVOREC

gehobene Küche | Terrasse

Ein geadelter Koch

DAS VIPAVA-TAL ist schon wegen seiner landschaftlichen Besonderheit und der eindrucksvollen Weine einen Besuch wert. Das Restaurant Pri Lojzetu im hübschen Renaissanceschlösschen Zemono aber ist für Feinschmecker und Qualitätsfanatiker ein absolutes Muss. Hier kocht einer der besten und talentiertesten Köche Sloweniens: Tomaž Kavčič. Selbst wenn Tomaž nicht zugegen ist, weil er sein Land irgendwo in der Welt gastronomisch vertreten muss, ist seine Philosophie in seinem Team so verankert, dass die Qualität nicht abfällt. Und dann gibt es ja noch Ehefrau Mateja, die alles im Griff hat. „Wie die Vorfahren es gemacht haben", deutet der bis ins Detail informierte Kellner Anže aus Bled auf das noch warme Brot, „man bricht es". Wir gehorchen und tunken es in die Krensauce, die vom geschmorten Kürbis im Reindl übrig geblieben ist. Kein Futzerl darf verloren gehen, es wäre Verschwendung des guten Geschmacks.

Die Gerichte sind so vollkommen, leicht, kreativ und interessant im Geschmack, dass man sogar eine Menüfolge von zehn Gängen, mit den besten Weinen Sloweniens kombiniert, locker genießen kann. Jeder einzelne Gang ein Kunstwerk, einmal traditionell Slowenien, dann interessante Fusionsküche. Auch die Show darf nicht fehlen. Das Sorbetto brodelt und dampft, die Creme zu den marinierten Lachsstückchen ist mit Paprika-, Petersil- und Karottenpulver rot-grün-orange gefärbt. Überraschungen kommen zuhauf. Der Reis ist kein Reis, sondern winzige Sellerieperlen und dem schwarzen Raviolo wurde Kohlestaub hinzugefügt, bevor er mit istrischen Trüffeln zugedeckt wurde. Der Wolfsbarsch wird auf einem Salzbarren schonend und ohne Fett gegart, die Version des Spanferkels sous vide bis auf seinen Geschmack reduziert. Die Wangen des Bären, der am Berg Nanos sein unstetes Leben gefristet hat, blieben bei 75 Grad 13 Stunden im Rohr. Eine seltene Fluffigkeit wies das Kastaniensorbet auf einer Kakisauce mit Goldkügelchen auf. Die Weine hatte Anže perfekt ausgewählt.

Das Ambiente stellt sich ebenso perfekt dar: Im Sommer spendet die überdachte Terrasse des Schlosses wohltuende Kühle, in der kälteren Jahreszeit zieht man sich ins niedrige, mit heimeligem Licht spärlich beleuchtete Kellergewölbe zurück. Auf jeden Fall sollte man Zeit einplanen. Hier sind Slow Food und absolutes Genießen angesagt.

Zemono
5271 Vipava
T. +386 5 3687007
M. +386 40 777726
www.zemono.si/gostilna
zemono@zemono.si

Öffnungszeiten:
Mittwoch, Donnerstag von 17 bis 22 Uhr, Freitag bis Sonntag von 12 bis 22 Uhr, Montag und Dienstag Ruhetage

GOSTILNA MUHA

traditionelle slowenische Küche | Zimmer | Terrasse

Im ältesten Gasthaus Sloweniens

Lokev 138a
6219 Lokev
T. +386 5 7670055

Öffnungszeiten: Samstag bis Mittwoch 12 bis 21 Uhr, Donnerstag und Freitag Ruhetage

SCHON DER ORT Lokev in der Nähe des Lipizzanergestüts in Lipica ist einen Besuch wert. Hier findet man (angeblich) das älteste Gasthaus Sloweniens aus dem Jahr 1679. Voll Ehrfurcht sitzt man also auf der steinernen Bank unter blauen Trauben und bewundert den Blumenschmuck, den von Mauern umfassten Gemüsegarten und das alte Gebäude. Auch die Gaststube ist vom Modernisierungswahn verschont geblieben. Karierte Tischtücher, Holzvertäfelung, kleine Fenster mit bunten Blumentöpfen machen gute Stimmung.

Eine gehörige Portion Hunger sollte man mitbringen, wenn man die Gostilna Muha aufsucht, denn die Portionen sind keinesfalls zurückhaltend. Wir haben bei der Bestellung etwas übertrieben: eine gemischte Vorspeisenplatte mit bestem Schinken, Ossocollo, Lardo, Käse bestellt. Dann noch eine Eierspeise mit reichlich istrischem Trüffel und eine zarte Kalbshaxe. Das köstliche Tris aus Spinatroulade, Gnocchi mit Ragout und Tagliatelle mit Steinpilzen reicht schon für ein ganzes Abendmahl. Das Laibacher Schnitzel ist eine umfangreiche Variation des Cordon bleus, knusprig gebacken mit geschmolzenem Käse und Schinken und sehr deftig. Wunderbar sind die Kifel (Kipfel aus Kartoffelteig, in Öl knusprig herausgebacken). Wer noch Platz im Magen findet, sollte sich noch über die duftige Cremeschnitte hermachen. In das hausgemachte Sorbetto al Limone gibt die Wirtin einen Spritzer Terranlikör. Bestellt man ein Stamperl vom zuckersüßen Terranlikör, stellt die Wirtin gleich die ganze Flasche auf den Tisch. Vom süffigen Bier aus Laško bis zum knalligen Pinot Noir von Renčel aus dem Karst ist auch für Getränkekenner gesorgt.

KRASNA

Lokev 78, 6129 Sežana
T. +386 40 214226, M. +386 057671002,
www.krasna-hisa.si, info@krasna-hisa.si

Öffnungszeiten: Montag 12 bis 17 Uhr, Donnerstag 17 bis 21 Uhr, Freitag und Samstag von 12 bis 22 Uhr, Sonntag von 12 bis 18 Uhr, Dienstag und Mittwoch Ruhetage

Bei der gastfreundlichen Familie im Bauernhaus ist man gut aufgehoben und genießt hausgemachte Köstlichkeiten wie Ravioli oder im Ofen gebratenes Lamm.

GOSTILNA DOMAČIJA ŠAJNA

Šepulje 33, 6129 Sežana
T +386 7 641096,
www.sajna.si, domacija.sajna@gmail.com

Öffnungszeiten: Montag bis Sonntag 12 bis 22:30 Uhr, Donnerstag Ruhetag

Im alten Gutshof kann man sehr gemütlich essen und trinken. Zu empfehlen sind die Braten sowie die Pasta mit Trüffel und Spargel. Nette Zimmer zum Übernachten.

GOSTILNA JOTA

authentische slowenische Küche | Gastgarten

So einfach und so köstlich

Gorjansko 102
6223 Komen
T. +386 51 810865
Öffnungszeiten: Montag bis Sonntag 10 bis 22 Uhr, Donnerstag Ruhetag

DIE EHEMALIGE GRENZE zwischen Italien und Slowenien nimmt man zum Glück gar nicht mehr wahr, so erreicht man den kleinen Ort Gorjansko in ein paar Minuten von San Pelagio kommend. Vorher passiert man unweigerlich das slowenische Gasthaus, das mit seinen Weinreben, dem naturbelassenen Gastgarten und der alten Hausfassade einladend wirkt. Und weil es „Jota" heißt – benannt nach der typischen Krautsuppe mit Kartoffeln und Bohnen –, erwarten wir uns eine köstliche Version derselben. Tischtuch gibt es keines, dafür schattenspendende Kastanien und eine nimmermüde Wirtin. Sie kocht und serviert zugleich und das in erstaunlicher Qualität. Wieder einmal ein Beweis, dass man vom Ambiente des Hauses nicht auf die Küche schließen sollte. Eine Speisekarte ist obsolet, denn die Wirtin erzählt uns, was an Spezialitäten in der Küche vorrätig ist.

Die Palatschinken sind mit einer Spinat-Käse-Mischung gefüllt und schmecken fantastisch. In ihren Aufzählungen finden sich auch Hase und Schweinshaxen aus dem Rohr, Laibacher Schnitzel und Backhenderl. Wir picken uns den Hasen heraus, den man hierzulande kaum noch bekommt. Er wurde langsam, mit viel Gemüse im Rohr geschmort, sodass man die Polentascheiben genüsslich in die Sauce tunken konnte. Auch die Schweinshaxe war ein schönes Stück am Knochen mit Natursaft. Von Packerlsaucen und Geschmacksverstärkern hat die Wirtin Gott sei Dank noch nichts gehört. Der Apfelstrudel, zum Glück ohne Rosinen, kam noch warm aus dem Rohr und war ein Gedicht. Neben dem einfachen Hauswein kann man auch Weine von Vodopivec oder Čotar bekommen, die allesamt Nachbarn der Gostilna sind. ■

ŠPACAPANOVA HIŠA

gehobene Karstküche | Zimmer | Terrasse

Frischer Wind in der alten Stube

VON AUSSEN ist die Špacapanova Hiša ein typisches slowenisches Gasthaus mit roten Geranien und Spitzenvorhängen an den Fenstern, doch innen sieht man, dass ein junges Team das Kommando übernommen hat. Ohne mit der Tradition zu brechen, wurden die Gasträume aufpoliert, die Tische mit Damast gedeckt und die Nischen liebevoll dekoriert. Vor knapp einem Jahr hat Sohn Ago von Mutter Ada das Gasthaus übernommen, den jungen Koch Boštjan eingestellt und frischen Wind durch die kleinen Fenster gelassen.

Der Küche, die schon vorher solide und hochwertig war, hat das nochmals einen modernen Turbo verliehen. Jetzt wird die Pilzsuppe in kleine Gläser gefüllt, mit einem Pastetenkügelchen verziert und „Pilzcappuccino" genannt. Leicht und geschmackvoll rinnt sie durch die Kehle. Das hochwertige Rindscarpaccio wird mit Käse von Zidarich garniert und der große Kartoffelgnocco mit frischem Kren bedacht, dass die Tränen nur so fließen. Vor lauter Schärfe und Freude über die kreative Küche. Es ist oft so: Wenn die Jungen das Zepter übernehmen, kommt es zu kulinarisch Außergewöhnlichem.

Schinken macht Ago aus Krškopolje-Schweinen, die die Nachbarn liefern und auf 180 Kilogramm mästen. Im Keller hängen, fein aufgereiht, die properen Keulen. Dazu gehört der mit Wildfleisch gefüllte Raviolo oder im Herbst die schön gebräunte Ente mit Kraut und gegrillten Mlinci (Teigstücke). Auf der Zunge zergeht das mit flüssiger Schokolade gefüllte Törtchen mit Himbeeren und Himbeereis. ■

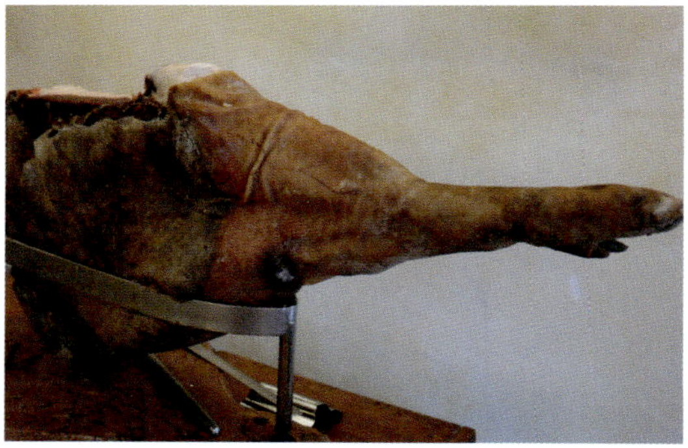

Komen 85
6223 Komen
T. +386 5 7660400
www.spacapanovahisa.si
info@spacapanovahisa.si

Öffnungszeiten: Freitag, Samstag 12 bis 15 Uhr und 18 bis 22 Uhr, Sonntag 12 bis 17 Uhr, Montag bis Donnerstag Ruhetage

GOSTILNA KOBLJEGLAVA

gehobene Karstküche | Gastgarten

BISTRO GRAD ŠTANJEL

gehobene Karstküche | Terrasse

Simo ist ein zweifacher Star

GOSTILNA KOBLJEGLAVA
Kobleglava 63a
6222 Štanjel
T. +386 5 7310080
www.q-kmel.com
Öffnungszeiten:
Von Oktober bis Juni, Donnerstag bis Sonntag von 12 bis 22 Uhr, Montag, Dienstag, Mittwoch Ruhetage

BISTRO GRAD ŠTANJEL
Štanjel la
6222 Štanjel
T. +386 573 10070
www.gradstanjel.si
info@gradstanjel.si
Öffnungszeiten: von Juli bis Ende September, Donnerstag bis Dienstag 9 bis 21 Uhr, Mittwoch Ruhetag

DER SYMPATHISCHE SIMO KOMEL gehört zu den aufstrebenden Starköchen Sloweniens. Im Sommer folgt er den Touristenströmen, die sich in der pittoresken, wunderbar restaurierten Stadt Štanjel nur so schieben. Von Juli bis Ende September verlegt er seine Küche ins Bistro des Schlosses, wo die Tische im schattigen Hof unter Kastanien stehen und ein heller, freundlicher Gastraum mit großen Fensterfronten und einer weißen Berkel-Prosciutto-Maschine gut fürs Gemüt ist. Es ist die Sommerdependance der eleganten Gostilna Kobljeglava, wo Komel von Ende September bis Juli seine Gäste aufs Allerfeinste verwöhnt. Dort ist auch eine Produktion feiner Karstschinken, die im Gastraum appetitlich ausgestellt sind. Komels Gerichte sind gleichermaßen wunderbar, ob in Kobljeglava oder in Schloss Štanjel. Hier muss man in Superlativen schwelgen.

Der Empfehlung des Kellners, der das „kleine" fünfgängige Menü anpreist, kommen wir gerne nach. Ein Gang entpuppt sich besser als der andere. Zum Beispiel die zarte, von Kräutern strotzende Frittata mit Pršut und Salami, wunderbar cremig und dennoch nicht üppig, die Kürbissuppe, versehen mit ein paar Tropfen gutem Kürbiskernöl aus der Pipette. Unerreicht der mit Ricotta gefüllte Raviolo mit reichlich istrischen Trüffeln. Himmlisch das perfekt gerührte Risotto mit Lavendel und jungem Schafskäse. Das frische Thymiansorbet schaffte etwas Platz für das in Lardo eingerollte Kaninchen mit kleinen Gemüsen. Dass wir dann noch die Ricottacreme mit Früchten schafften, grenzt an ein Wunder und ist dem guten Geschmack derselben geschuldet. Ähnlich, vielleicht etwas herbstlicher, war das Menü Monate später in der Gostilna Kobljeglava. Die Weine kann man auf Wunsch glasweise verkosten, sie stammen durchwegs von Winzern aus der Gegend. ■

PRŠUTARNA LOKEV
S'KRASA
KRAŠKI PRŠUT

GOSTILNA RAVBAR

Karstküche | Terrasse

Ein Haus, wie eine Einladung

ES IST WIE HEIMKOMMEN. An den kleinen Fenstern blühen üppig rot die Pelargonien, in der sonnendurchfluteten Stube leuchten blütenweiße Tischtücher und durch den Gastraum zieht ein Duft, der das Wasser im Mund zusammenlaufen lässt. Ist es die Frühlingssuppe, das geschmorte Lämmchen, der gerollte Kalbsbraten oder eine Duftkomposition aus allem, was in der kleinen Küche zur Vollendung gebracht wird?

Ravbar heißt im Slowenischen „Räuber". Kaum vorstellbar, dass einst hier wirklich Räuber lagerten, um beim Gasthaus direkt an der Brücke Vorbeireisende auf dem Weg nach Norden zu überfallen. Heute ist Dol pri Vogljah ein friedliches Dörfchen, das sich einzig dem guten Essen und Trinken verschrieben hat. Wenige Meter entfernt gibt es noch ein „Haus des guten Geschmacks" – nämlich die Gostilna Ruj, doch das ist eine andere Geschichte.

Heute rauben uns höchstens die köstlichen Speisen, die beim Ravbar aufgetragen werden, den Atem. Grundsolide slowenische Küche. Der schlanke Joško kocht, Mutter Darinka wacht über die Authentizität der Speisen und legt, über 90-jährig, noch immer selbst Hand an. Sie rührt in der Jota, der dicken Krautsuppe, fühlt, ob der Braten schon von der Gabel fällt und prüft die Knusprigkeit des Apfelstrudels. Ein Familienbetrieb, wie er im (Koch)Buch steht.

Italien ist nicht weit, daher vereinigen sich die Geschmäcker beider Länder. Dicke Suppen, Würste, Kürbisgemüse, allerlei feine Braten, Žlikrofi (gefüllte Nudeln) kann man im Winter erwarten, während sich im Frühjahr die Tische von Crespelle mit Kräuter- und Ricottafüllung, Rotolo mit Spinat, Tagliatelle mit Bratensaft oder Gnocchi di Susine biegen. Diese süßen Zwetschgenknödel spalten ihre Fans. Die einen schwören auf die süßen Dinger als Vorspeise, die anderen lieben sie zum Dessert. Wir genießen sie zum Dessert – so wie die Gibanica oder die köstlichen Strudel. Und wir lieben außerdem die Familie Ravbar, ihre Freundlichkeit und ihre ehrliche Küche.

Dol pri Vogljah 5
6221 Dutovlje
T. +386 5 7346180

Öffnungszeiten:
Mittwoch 11 bis 16 Uhr,
Donnerstag bis Sonntag
11 bis 16 und 18 bis 22 Uhr,
Montag und Dienstag
Ruhetage

OKREPCEVALNICA RUJ

gehobene Küche | Terrasse

Ein talentiertes Paar

OKREPCEVALNICA. Wen die Bezeichnung ratlos zurücklässt, dem sei das Wörterbuch Deutsch-Slowenisch von France Tomsič empfohlen, der dies mit „Erfrischungsraum oder Erfrischungszimmer" übersetzt. Originell, dass einer der talentiertesten jungen Köche Sloweniens sein gemütliches kleines Refugium am Rande des Nestes Dol pri Vogljah als „Erfrischungszimmer" bezeichnet. Erfrischend ist allerdings die engagierte Küche von Petar Patajac. Sie ist viel genussvoller, als man in so einem kleinen Ort annehmen möchte. Die wenigen Tische in den beiden winzigen Stuben sind bald besetzt, der Chef persönlich schleppt einen Tisch auf die Terrasse, als wir im Oktober die letzten Sonnenstrahlen genießen wollten.

Petar setzt auf die regionalen Produkte immer noch eigene Kreationen drauf, die dem Gericht einen exklusiven Touch verleihen. Zum Beispiel Ricotta mit Bruscandoli (Hopfenblüten) und Lardo oder ein Riesengnocco aus Grieß mit einem Sugo aus Perlhuhn. Das ist Liebe zum Kochen. Das Filetstück wird nur mit grobem Salz aus Piran gewürzt und zum Schluss mit darüber gehobelten Trüffeln aus Istrien verfeinert. Das Schokoladensoufflé hatte einen schmelzenden Schokokern, noch besser war das Pfirsicheis von den eigenen Pfirsichen, die Patajac, wenn die Ernte gut ist, zu Saft verarbeitet. Für die feinen Nachspeisen ist übrigens seine tüchtige Ehefrau zuständig.

Dol pri Vogljah 16
6221 Dutovlje
T. +386 5 7341720
www.malcajt.com

Öffnungszeiten: Donnerstag bis Sonntag 12 bis 22 Uhr, Montag bis Mittwoch Ruhetage

GOSTILNA MAHORČIČ

gehobene slowenisch-italienische Küche | Terrasse

Gourmetrestaurant am Land

Rodik 51
6240 Kozina
T. +386 5 6800400
gostilnamahorcic.
wordpress.com
info@gostilna-mahorcic.si

Öffnungszeiten: Mittwoch 12 bis 15 Uhr, Donnerstag und Freitag 12 bis 15 und 18 bis 22 Uhr, Samstag 10 bis 22 Uhr, Sonntag 12 bis 16:30 Uhr. Montag und Dienstag Ruhetage

DIE BEZEICHNUNG „Gostilna" für den Mahorčič ist eigentlich stark untertrieben. Wenn man allerdings die feine Gasthausküche als Konzept für bodenständiges, liebevoll gekochtes Essen betrachtet, ist sie so etwas wie ein Gourmetgasthaus. Fragt man Italiener aus dem nahen Triest nach einer feinen kulinarischen Adresse, kommt die Gostilna Mahorčič wie aus der Pistole geschossen. „Meravigliosa", schwärmt eine Triestiner Freundin und schnalzt sogleich mit der Zunge. Tradition und Innovation, das hat sich die Gostilna auf ihre Fahnen geschrieben.

Die talentierte Ksenija Krajšek ist der kreative Part in der Küche. Unprätentiös, aufmerksam, kreativ, liebevoll und der Region wie den Jahreszeiten vepflichtet – so möchte man ihre Küche beschreiben. Die Sarde in Savor werden von Zwiebeleis getoppt, originell serviert auf einem Eisblock. Ein zarter Traum ist das liebevoll garnierte Entenleberparfait und eine Schmeichelei für Gaumen und Auge sind die zweifarbigen Tagliatelle mit winzigen Tintenfischchen. Einen ganzen Tag lang wurden die Schweinswangerln mit 36 Grad gegart, dementsprechend zart und köstlich fielen sie aus. Ein wahrhaft sündiges Finale bildete die weiße Biskuithalbkugel, gefüllt mit zartem Schokolade-Karamell-Mousse und einem Kern aus Pfirsichsauce.

Das grob gehackte Beef Tartare hat so gar nichts mit dem zu Tode faschierten Tartare zu tun, das man in Slowenien leider oft bekommt. Besondere Kunstwerke sind die Desserts: die mit sündiger Creme gefüllten Brandteigkrapfen oder das Beerenparfait – ein Wow-Erlebnis, das nicht nur wunderbar schmeckt, sondern auch ins Auge sticht. Während Ksenija die Kaiserin in der Küche ist, treibt sich ihr Mann Martin gerne im Keller herum und serviert äußerst freundlich vorzügliche slowenische Weine. ■

RESTAVRACIJA KENDOV DVOREC

traditionell-gehobene Küche | Garten | Zimmer

Ein Spitzenhaus

Na Griču 2
5281 Spodnja Idrija
T. +386 5 3725100
www.kendov-dvorec.com
info@kendov-dvorec

Öffnungszeiten: Montag bis Sonntag 12 bis 22 Uhr, vorherige Reservierung nötig

DIE GEMEINDE Idrija ist bekannt für ihr ehemaliges Bleibergwerk und die Klöppelspitzen, die die Frauen kunstvoll fertigten, während die Männer unter Tag schufteten. Es sind wunderbare Spitzen, die es in einer ständigen Ausstellung in Idrija zu bewundern gibt. Eine Klöppelschule existiert immer noch. Spitzen auf Tischen und als Vorhänge begegnet man auch im charmanten slowenischen Haus Kendov Dvorec, das in das Jahr 1377 datiert. Die antiken Möbel, Holzschnitzereien und die Freundlichkeit der Mitarbeiter verleihen dem Haus, das zur Relais & Chateau-Hotelgruppe gehört, einen einzigartigen Charakter. Es ist gut, hier übernachten zu können, denn nach dem opulenten Menü, das hier serviert wird, sollte man die kurvige Straße nach Spodnja Idrija nicht mehr benützen müssen.

Die hundertjährigen Apfelbäume im Obstgarten liefern die Ingredienzien für Apfelkuchen oder Gibanica. Das Haus verströmt den Duft von frisch gebackenem Brot und Potica. Nirgends gab es so himmlische Idrijski Žlikrofi (mit Kalbfleisch gefüllte Schlutzkrapfen) wie hier in der gemütlichen Stube mit den Kristalllustern und den alten Bildern. Alles, was die Crew um Klavdij Pirih auf den Tisch zaubert, schmeckt hervorragend. Sei es die zarte Forelle, das Lamm, der Lammeintopf, die mit Lammtopfen gefüllten Štruklji oder das mürbe Kalbfleisch. Wunderbar gelungen auch die Marillenknödel. Auf der Weinkarte finden sich die Elite der slowenischen Weine und vor allem die edlen Tröpfchen von Svetlik Estate, dem hauseigenen Weingut im Vipava-Tal. ■

HIŠA FRANKO

Die Frau, die Aromen verheiratet

Der Titel „weltbeste Köchin" hat Ana Roš und den kleinen Ort Stara Selo/Kobarid in Slowenien berühmt gemacht.

Staro Selo 1
5222 Kobarid
T. +386 5 3894120
www.hisafranko.com
info@hisafranko.com
gehobene Küche
Zimmer
Wintergarten

Öffnungszeiten: Montag, Mittwoch, Donnerstag, Freitag 17 bis 21:30 Uhr, Samstag und Sonntag 12 bis 14:30 Uhr und 19 bis 21:30 Uhr; Dienstag Ruhetag. Vorherige Reservierung notwendig und nur per E-Mail möglich.

KOBARID, nahe der italienischen Grenze, hat man bisher vor allem mit dem Grauen des Ersten Weltkriegs verbunden, denn hier tobte im Jahr 1917 die Zwölfte Isonzoschlacht. Exakt hundert Jahre später sollte eine junge Frau aus Kobarid so fantastisch kochen, dass sie 2017 von einer Jury, die eine Liste der 50 besten Restaurants der Welt erstellt, in Australien zum „World's Best Female Chef 2017" gekürt wird.

Sie kommt aus einem Ort, in dem es „mehr Gänse und Kühe als Nachbarn" gibt. Das sagt Ana von ihrem Heimatort, in dem sie und ihr Mann die „Hiša Franko" betreiben. In dem gemütlichen Anwesen mit ein paar Zimmern komponiert sie ihre Gerichte, würfelt die Geschmackskomponenten wie zufällig zusammen und verheiratet ganz gegensätzliche Aromen. Zum Beispiel kandierte Zitronenzesten mit dem salzigen Geschmack von Sardinen oder Kutteln mit einem Käse aus Tolmein und frittierten Brennnesselspitzen. Sie formt Ravioli, deren Teig hauchdünn wie Papier ist, füllt sie mit einer Karfiolcreme und experimentiert mit karamellisierter Molke. Eine Virtuosin der Aromen, aber auch des peniblen Handwerks. Ist es Zufall, dass die winzigen Kunstwerke sogar mit der Farbe des Tellers harmonieren? Wohl kaum. Mittlerweile wurde sie von Clare Smith (Core by Clare Smith in London) als Köchin abgelöst, teilt sich aber mit Tomaž Kavčič (Pri Lojzetu) die Ehre der besten Restaurants Sloweniens 2019 im Gault Millau.

Stress und Druck eines erfolgreichen Jahres sind nicht spurlos an ihr vorübergegangen. Eine Biografie soll geschrieben, das Haus um ein paar Zimmer vergrößert, täglich zwei Menüs komponiert, neue Gerichte erschmeckt und die Familie (zwei Kinder) zusammengehalten werden. Ganz schön viel für die zarte Dame mit den blonden Locken in der weißen Kochjacke. Sie wechselt von ihrem Stammplatz am Fenster, wo sie an dem Buch schreibt, in die Küche und wieder zurück. Schnuppert an einem frischen Bund Bruscandoli (Hopfenblüten), den ihr ein Italiener vorbeigebracht hat, und dirigiert nebenbei 16 Mitarbeiter. Bei der Auswahl der Produkte ist sie wählerisch. 85 Prozent der Weine kommen aus Slowenien, die Forelle aus der Soča, der Käse aus Tolmein.

Sie nimmt sich Zeit, mit uns einen Rotweinfrizzante aus Slowenien zu kosten und von dem Jahr zu erzählen, das ihr Leben verändern sollte. Weit über 500 Interviews habe sie gegeben. Weltweit." Ich wusste gar nicht, dass es so viele Medien gibt, die sich fürs Essen interessieren", sagt sie. Es liegt

aber wohl an ihrer Person und dem ungewöhnlichen Einstieg in ein Metier, das sie vorher weder interessiert noch konventionell erlernt hatte. Das ist der Stoff, den Journalisten lieben.

Als Kind wollte sie Skirennläuferin werden und startete bereits eine beeindruckende Karriere. Nach einem Studium in Triest winkte die Diplomatenlaufbahn, doch gerade als sie einen Job in Brüssel antreten wollte, kam die Liebe dazwischen. Sie lernte ihren Mann Walter kennen, der ein Gasthaus in Kobarid geerbt hatte. Sie warf die vielversprechende und gut dotierte Diplomatenkarriere hin, um sich fortan der Gastronomie zu widmen, was für monatelange Missstimmung mit ihren Eltern sorgte. Das Geschäft lief schleppend. 2002 entschloss sich Ana, selbst den Kochlöffel in die Hand zu nehmen. Mit Engagement probierte sie Rezept um Rezept, beriet sich mit kochenden Freunden, besuchte berühmte Kollegen in ganz Europa. Nach und nach stellte sich der Erfolg ein. Doch die Bombe schlug erst ein, als sich die Netflix-Serie „Chef's Table" für sie interessierte. „Die Dokumentation mit drei Millionen Followern hat alles verändert", bekennt sie, denn ab diesem Zeitpunkt endete das beschauliche Leben in der Küche der Hiša Franko. Sie reiste von Kochshow zu Kochevent, nahm Einladungen von Gastrokollegen und Fernsehshows an. Plötzlich waren auch die Tische im Restaurant auf Monate ausgebucht. Die Auszeichnung zur besten Köchin setzte noch ein Schlaghäubchen drauf. „Plötzlich kommen Gäste aus Neuseeland, den USA, Australien und bringen frischen Wind in unseren Ort."

Ist die Auszeichnung ein Fluch oder Segen? „Natürlich ein Segen, ich wäre ja sonst nie so bekannt geworden. Ich bin sehr dankbar." Welche Träume hat eine Frau, die kochtechnisch am Zenit angelangt ist? „Träume?", überlegt sie lange, „ich habe keine großen Träume." Um dann nachzusetzen: „O ja, mein Traum ist, die Qualität zu halten und mehr Urlaub zu machen." Die Qualität haben wir in dem achtgängigen Menü (135 Euro) mit winzig kleinen Gängen, aber großartigen Geschmäckern erfahren. Wir entfernen uns von Ana leichtfüßig, ohne den Druck einer schweren Kost. Das ist eben Können. ■

BORIS LISJAK

Die Flasche mit dem Hüftschwung

LISJAK-WEINE in den schwarzen „Flaschen mit dem Hüftschwung" sind Europameister, was Auszeichnungen und Medaillen angeht. Die Trauben am Weingut in Dutovlje im Karst sind schon geerntet, jetzt bündelt die Sonne ihre ganze Kraft in den Weinblättern und färbt sie golden und tiefrot. Es ist Ende Oktober, die Weinblätter krallen sich noch an den Reben fest. Erst die herbstliche Burja wird sie von den Stöcken zerren und wild vor sich hertreiben. Die Rosen, die den Weingarten am Weingut Lisjak in Dutovlje säumen, blühen üppig in allen Farben und duften, als wäre es Juni. Nur die Kakis hängen schwer an den Bäumen und signalisieren in Orange, dass der Herbst eigentlich schon eingezogen sein müsste.

Der Weinverkauf bei Boris Lisjak, einem der größten Weinproduzenten im slowenischen Karst, hat sich im Laufe der Jahre gelohnt. Schritt für Schritt konnte die Familie das Weingut vulgo Borjač, vergrößern, das Anwesen modernisieren, das Haus von Großvater Pepi samt Keller umbauen. „Die Steine", deutet er auf die Mauer, „sind alle von Hand behauen." Boris ist Weinbauer in siebter Generation. Als Beleg präsentiert er den gerahmten Grundbuchauszug seiner Vorfahren Brundola aus dem Jahr 1836. Und noch etwas zeigt Boris voll Stolz her: einen Weinstock, den Nonno Pepi im Jahr 1903 gepflanzt hat. Der Stamm ist verknotet, von Wind und Wetter gezeichnet, die Rinde gesprungen, doch er trägt noch jedes Jahr bündelweise gesunde Refosco-Trauben.

Nonna Albina hat Boris' Liebe zum Wein schon früh erkannt und ihm, als er noch keine 16 Jahre alt war, die Hälfte des Weingutes überschrieben. Mittlerweile wachsen auf sieben Hektar 31.000 vorbildlich gepflegte Weinstöcke. Die rote Erde des Karsts, die Terra rossa, lässt vor allem die Refosco-Trauben am roten Stängel (Refosco dal peduncolo rosso) gedeihen. Deren Wurzeln filtern die Mineralstoffe tief aus dem Boden. Heiße Sommer, salzige Meeresluft – an klaren Tagen kann man die Adria sehen –, die wütende Burja sowie die Sorgfalt der Winzerfamilie bilden einen Cocktail, der den Terran so mineralisch und kräftig werden lässt.

Dutovlje 31
6221 Dutovlje
T. +386 5 7640063
M. +386 41 652 039
www.lisjak.si
info@lisjak.si

Im eindrucksvollen Kellergewölbe reifen die Weine heran, bis sie fertig zum Abfüllen sind. „Wir füllen im Jahr rund 32.000 Liter Wein in 40.000 Flaschen ab. Prädikatsweine bleiben bis zu sieben Jahre im Eichenfass." Zum Beispiel sein Knüllerwein Sara, eine Cuvée aus Terran, Cabernet und Merlot, bis er dann in den typischen bauchigen Flaschen landet. Aus Freude über seine erste Enkelin Sara hat Boris seinen besten Wein nach ihr benannt. Die schwarzen Flaschen mit dem Hüftschwung sind ein Markenzeichen des Weingutes Lisjak. Für viele Kunden sind sie bereits beliebte Sammlerstücke, für die Familie sind die Designerflaschen von Oskar Kogoj ihr ganzer Stolz. Besonders alte Exemplare lagern in versteckten Nischen des Weinkellers. „Die sind über 60 Jahre alt", nimmt Lisjak eine Flasche vorsichtig in die Hand. Oh ja, man könne den Wein noch trinken. Um ganz sicherzugehen, dass ihm nichts passiert, wird er alle fünf bis zehn Jahre umgekorkt.

Dass Boris sein Erbe mit viel Demut und Können weitergeführt und entwickelt hat, zeigen die vielen Auszeichnungen, Pokale, Medaillen und Urkunden, die den Verkostungsraum ausfüllen. 17 Mal war er mit seinen Weinen Champion und über 100 Goldmedaillen gab es für die besten Weine seiner Klasse. Der Weinritterorden und das Sommelier-Zertifikat zeugen von der Liebe zum Wein, das umfangreiche Wissen und die Hingabe zu den edlen Tropfen in seinem Keller. Bei den Preisen sei er moderat geblieben, jeder solle sich Lisjak-Weine leisten können. Mit viel Engagement haben sich Boris und sein Sohn auch dem Cognac verschrieben. Im restaurierten Weinkeller von Nonno Pepi reift seit dem Jahr 1975 der bernsteinfarbene Vinjak, der wie Öl durch die Kehle rinnt, in französischen Eichenfässern.

Gerade ist ein Bus mit Besuchern angekommen, die Lisjak wie alte Freunde begrüßt. Er wird sie durch den Weinkeller führen, Weine zum Verkosten anbieten und dazu Pršut und Salami servieren. Für Gäste, die einige Tage in dem gepflegten Anwesen ganz nah beim Wein verbringen wollen, hat Familie Lisjak vier großzügige Appartements und zwei Zimmer eingerichtet. Derweilen reift der Jahrgang 2018, den Boris über alle Maßen lobt, im Kellergewölbe zu einem großen Wein heran.

REBULA

Die Traube mit der dicken Haut

„**SO VIEL HONIG** und geröstete Nüsse, als würde man in eine Potica beißen". Ein andermal ist es der Duft frühmorgens geernteter Ananas, der ihr in die Nase steigt und manchmal der von gelben Tabakblättern. Gelbe, wohlbemerkt. Wenn Sloweniens bekannteste Weinkennerin Mira Šemič bei einer Verkostung Rebula-Weine aus dem Vipava-Tal beschreiben soll, greift sie zu blumigen Vergleichen.

Rund hundert Teilnehmer des Kongresses in Križ/Vipava wollen es ihr gleichtun und die Duftvielfalt aus einer Auswahl von 25 der besten Rebula-Weine der wichtigsten Winzer der Region herausschnuppern und -schmecken. Ratlose Blicke ins Glas zeugen von der minder ausgeprägten Fantasie der Teilnehmer. Ach, hätte man so einen geschulten Gaumen wie Mira! Sie ist ganz in ihrem Element, tanzt durch die Reihen – denn so mancher Tropfen erinnert sie an einen English Waltz –, wiegt die bernsteinfarbene Flüssigkeit vorsichtig im Glas, steckt die Nase in das bauchige Gefäß und nimmt einen bedächtigen Schluck, bevor sie die Augen schließt. „Nicht zu ausufernd mit Tannin dekoriert", sagt sie über den Rebula 2012 von Vina Ušaj. Im Rebula Klasika der Kmetija Slavček kann sie die mediterranen Kräuter förmlich riechen. Karamell und trockene Feigen wähnt sie im Rebula Svetlik 2011, um dann zufrieden zu seufzen: „Wunderbar, welche Zukunft den slowenischen Weinen beschieden ist."

Rebula ist nicht gleich Rebula, das bekommt man in den ersten Minuten der Verkostung mit. Einer schimmert zitronengelb im Glas, der andere hat grüne Reflexe, der nächste präsentiert sich in dunklem Amber und wieder einer leuchtet orange aus dem Glas. „Es kommt nicht auf die Farbe an", warnt Mira. Wichtig seien die Balance, die Harmonie und der Respekt, den man der Arbeit am Wein entgegenbringe, denn vieles hänge von den Händen der Weinbauern ab.

Die Weinproduzenten des Vipava-Tales versuchen gerade, ihm eine Identität zu geben, die nicht kopiert werden kann. Rebula ist eine alte autochthone Rebsorte, die nur im Vipava-Tal, in der Goriška Brda und im Collio unter den Namen Ribolla Gialla oder Picolit heimisch ist. Dort sind die klimatischen Voraussetzungen mit heißen Sommern, kühlen Nächten und Ost-West-Ausrichtung ideal für die Traubensorte mit der „dicken Haut". Sie ist die Rebsorte mit der längsten Tradition im Tal und hat unzählige Gesichter. Der Wein kann spritzig sein, frisch, fein strukturiert oder mit großem Körper, wenn er im Eichenfass gereift ist. Besonderes Feuer versprüht er als Tonangeber in Blends.

Wie historisch der Rebula wirklich ist, beweist ein unbezahlbares Dokument, das der Weinproduzent Edi Svetlik (Svetlik Estate) von seinem über 90 Jahre alten Freund aus Triest, Sergio Tavano, erhalten hat. Darin ordert der Habsburger Kaiser Maximilian I.

im Jahr 1503 eine große Menge Rebula-Weins für seinen Hof. 1844 verfasste der Priester, Biologe und Weinkenner Matija Vrtovec (1784–1851) den ersten professionellen Wegweiser für slowenische Weinbauern. Es war so etwas wie die „Weinbau-Bibel", in dem auch der Rebula erwähnt war. „Es ist eine Botschaft an die Weinproduzenten", sagt Primož Lavrenčič, der an der Weinakademie in Vipava lehrt. „Wir müssen zurück in die Vergangenheit, denn die Zukunft baut auf ihr auf."

Das Vipava-Tal mit seinen 40 Kilometern Länge und zwölf Kilometern Breite verläuft, nur durch Höhenzüge getrennt, parallel zur Adria und profitiert von deren Klima. Vom Berg Nanos, der sich gegen Norden hin erhebt, braust die Burja ins Tal und verleiht den Reben Widerstandsfähigkeit. Die Mineralität bekommen die Trauben aus dem Flysch-Boden, den Geologen „marine sedimentäre Fazies" nennen, die meistens durch eine Wechselfolge von Ton und grobkörnigen Gesteinen entsteht. Im Weinkeller von Primož, der das renommierte Weingut Burja sein Eigen nennt, sind die Gesteinsschichten im Keller eindrucksvoll zu sehen.

Dem Rebula ist mit Sicherheit eine große Zukunft beschieden, eignet er sich doch wegen seiner dicken Schale und seiner Anspruchslosigkeit ausgezeichnet zur Vinifizierung des Orange Wine, jenes Naturweins, der dem Zeitgeist folgt. Bei einem Orange Wine handelt es sich um Weißwein, der wie Rotwein hergestellt wird, das heißt, er wird mit der Maische vergoren. Sie extrahieren mehr Tannine und Farbstoffe – daher die orange bis bernsteingelbe Farbe. 225 Hektar Weinfläche werden im Vipava-Tal mittlerweile mit Rebula-Reben bepflanzt und immer mehr Weinflächen weichen der typischen Traube. „Sie passt zu unserem Terroire und den klimatischen Verhältnissen. Man wird auch in heißen Sommern nie enttäuscht", so Primož. Sein Vater lauschte als kleiner Bub einmal einem Disput zwischen seinem Vater und dem Weinproduzenten Kristančič aus der Goriška Brda. Sie stritten sich um die Herkunft des Rebula, diskutierten hin und her, ob er zuerst im Vipava-Tal oder der Brda ausgepflanzt worden sei. Bis sie, beruhigt von einem guten Schluck Rebula oder Ribolla Gialla, einlenkten: „Eigentlich ist es doch egal, wo er wächst, wir sollten beide stolz auf den wunderbaren Wein sein."

WINZER AUF ZEIT IM VIPAVA-TAL

Wie wir Weinleser wurden

DER ANRUF kommt am Donnerstag. „Morgen Früh beginnt die Weinlese. Es ist der letzte warme Tag, dann kommt die Bora“, startet Edi Svetlik seinen Rundruf. Wir packen unsere Sachen und machen uns auf nach Kamnje im Vipava-Tal zum Weingut Svetlik. Ein Arzt aus Ljubljana sperrt kurzerhand seine Ordination zu und ein Anwalt schickt seine Klienten nach Hause. Sie alle folgen Edis Ruf. Denn es geht schließlich um Wichtiges: Es gilt, die Rebula-Trauben, die bereits goldgelb vor Zucker strotzen, vom 1,2 Hektar großen Weinberg Caven rechtzeitig vor dem angekündigten Schlechtwetter einzuholen. Kolonnen von Autos bewegen sich durch die schmalen Gässchen des Ortes Kamnje auf das von Zypressen, Lavendel, Rosmarin, Hortensien umrahmte Haus zu.

Das Energiebündel Ivi Svetlik winkt uns mit einem Blumenkranz im Haar schon von Weitem zu, umarmt hier einen Freund und küsst dort eine Bekannte. Sie nimmt uns bei der Hand und führt uns zu einem reich gedeckten Tisch. Wer arbeitet, muss auch essen. „Schau das Buchweizenbrot hat meine Schwester gebacken, die Salami stammt von der Nachbarin und das sind unsere Oliven“, fordert Ivi zum Zugreifen auf. Jemand bringt einen Teller voll gezuckerter Strauben und der Rebula aus dem Jahr 2016 fließt bereits am Vormittag in Strömen. Dabei haben wir noch keine einzige Traube abgeschnitten. In einer Holzkiste liegt eine Auswahl scharfer, handlicher Scheren, die für die Traubenernte bestimmt sind. Edi holt aus seinem Fundus eine besonders scharfe, die durch die Stängel schneidet, als wären sie aus Butter. Gremo.

Die Reben stehen akkurat aufgebunden in langen Reihen auf dem Weinberg hinter dem Anwesen. Nur vier bis sechs Bündel auf einem Stock, damit sie die Sonne liebkosen kann. Svetlik hat sich in den letzten Jahren auf die im Vipava-Tal heimische Rebsorte Rebula spezialisiert, „weil sie am besten zur Gegend passt, unempfindlich ist und eine lange Geschichte hat.“ Heuer sind die Trauben besonders süß, die Bienen und Wespen tun sich bereits an ihnen gütlich. Dass wir die Verpflegung vor ihrer Nase abschneiden, macht sie wütend. Es entspinnt sich ein Kampf um jede Traube.

In den Reihen machen sich Grüppchen von Erntehelfern an den Reben zu schaffen. Würde nicht die Sonne unbarmherzig vom Himmel brennen, wäre die Arbeit leicht. Wir klappern die Reihen systematisch ab und schnipp, schnapp fallen uns die Trauben in die Hand. Wir legen sie vorsichtig in die roten Kisten. Obwohl man sich nicht zu bücken braucht, wird der Rücken von der ungewohnten Arbeit ganz schön gequält, der Schweiß fließt in Strömen. Wohl um uns die Arbeit zu erleichtern, geht Goran Velikonja mit seiner Harmonika durch die Zeilen und spielt aufmunternde Lieder. Na bitte, geht doch. Unterbrochen wird die Musik nur vom Rattern des kleinen Weinbergtraktors, der zwischen den gepflegten Zeilen hindurchrumpelt und die vollen Kisten aufnimmt. Sechs Kisten sind bereits randvoll, als der Ruf zum Mittagsmahl ertönt. In großen Töpfen wird dampfende Jota, eine Krautsuppe mit Kartoffeln und Grammeln, auf den Weinberg geschleppt. Ehrfürchtig lässt man sich am Waldrand nieder, löffelt die Suppe und tunkt mit Pohača. „Es ist ein alter Brauch, dass die Erntehelfer großzügig bewirtet werden, damit sie zufrieden sind", sagt Svetlik, „wir lassen ihn wiederaufleben." Ein guter Brauch, fürwahr. Beschwingt machen wir uns wieder an die Arbeit. Beeindruckend, was hundert Hände in kurzer Zeit schaffen. Bereits um vier Uhr nachmittags ist der Weinberg leer geräumt. Die Bienen und Wespen können nur noch an heruntergefallenen Früchten naschen.

Die Trauben sind währenddessen unterwegs ins Lager von Matjaž Lemut, wo die Fermentation einsetzen kann. Nach etwa 14 Tagen werden die Trauben gepresst und bis Martini im November in Fässer abgefüllt. Svetlik managte bis vor einigen Jahren die Hidria-Gruppe mit 2500 Mitarbeitern und widmet sich jetzt mit viel Herz dem Weinbau. Seine Flaschen erzielen in der Gastronomie bereits gute Preise. 2018 ist er hochzufrieden mit der Ernte. Die Trauben sind gesund, haben durch die Hitze einen hohen Zuckergehalt und weder Hagel noch die Bora konnten ihnen zusetzen. „Das Mischen der Trauben und das Kontrollieren der Temperatur sind die einzigen Interventionen", erklärt er.

Währenddessen hat Ivi eine meterlange Tafel vor dem Haus gedeckt. Eine Band baut ihre Instrumente unter dem Eichenbaum auf, und in der großen Outdoorküche wird bereits gebrutzelt, gebraten, gebacken und alles für das Erntemahl hergerichtet. Die Sonne hat sich hinter die Zypressen verzogen und lugt nur dazwischen hervor, um den Rebula im Glas aufleuchten zu lassen. „Das ist Kultur", freuen sich die Svetliks, „Wein, Musik und Freunde." Die Stimmung ist, wie es sich nach einer guten Ernte gehört, ausgelassen und unbeschwert.

Dann werden Speisen aufgetragen, die Klavdi, Chefkoch von Ivis Kendov Dvorec in Spodnja Idrija mit zahlreichen Helfern gekocht hat. Wunderbare Žlikrofi, die typischen Teigtaschen aus dem Vipava-Tal, butterweiches Kalbfleisch, frische Salate, Apfelstrudel und viel Wein. Irgendwann machen wir uns rebulaselig auf den Heimweg. Lavendelduft und Musik begleiten uns noch ein Stück. Am nächsten Tag peitscht die Bora durch das Tal und zerrt an den Weinreben. Schwere schwarze Wolken hängen am Himmel. Edi hat recht behalten. Aber den Rebula-Trauben geht es gut, sie gären bereits im Fass auf dem Weg zu einem großen Wein. ■

SEHENSWÜRDIGKEITEN

WEHRHAFTES ŠTANJEL

Das schmucke Dorf im Karst ist eine der ältesten Siedlungen Sloweniens. Die Festungsmauer stammt aus dem 15. Jahrhundert. Der Bürgermeister und Architekt Max Fabian prägte das Ortsbild nachhaltig. Sehenswert sind die Ferrari-Gärten und die Burg. www.stanjel.eu

KÜNSTLERSTÄDTCHEN ŠMARTNO

Das malerisch ummauerte Dorf mit fünf erhaltenen Türmen ist in der Brda von allen Seiten zu sehen. Heute ist es ein Kulturdenkmal und eine schön restaurierte Architekturperle, in der man stundenlang herumstreunen kann. www.brda.si

SPITZENMÄSSIGES IDRIJA

Die Bergmannsstadt Idrija - einst baute man hier Quecksilber ab - gehört zum UNESCO-Weltkulturerbe. Im Museum wird die Tradition des Klöppelns gewürdigt. Die Klöppelspitzen aus Idrija haben Weltruf erlangt. www.visit-idrija.si

KÄMPFERISCHES KOBARID

Die Stadt Kobarid hat vor allem im Ersten Weltkrieg durch die 12. Isonzoschlacht Geschichte geschrieben. Daher sind dort auch das Kobarid-Kriegsmuseum und das Denkmal der Gefallenen sehenswert. www.soca-valley.com

GEHEIMNISVOLLE PREDJAMA HÖHLENBURG

Zehn Kilometer von Postojna entfernt ist das Schloss Predjama zu finden, das im 13. Jahrhundert im gotischen Stil in die 123 Meter hohe, senkrechte Felswand gebaut wurde. Es gilt als über 800 Jahre altes, uneinnehmbares mittelalterliches Wunder. www.postojnska-jama.eu

NATURDENKMÄLER

NATURSCHÖNHEIT SOČA-TAL

136 Kilometer lang ist die Soča, die in Italien als Isonzo weiterfließt. In Slowenien windet sie sich durch ein enges Tal und durch Schluchten, ideal zum Raften und Kanufahren. Hier ist die Soča-Forelle heimisch. www.visit-soca.com

WEINSELIGE GORIŠKA BRDA

Die Region auf der anderen Seite des Collio ist nur 72 Quadratkilometer groß, hat es aber in sich. Sehenswert: Šmartno und Medana, Schloss Dobrovo mit einer ständigen Ausstellung des Malers Zoran Music und der Aussichtsturm Gonjače. www.brda.si

KULINARISCHES VIPAVA-TAL

Das einzigartige Tal mit seiner weinbezogenen Landschaft ist nicht nur ausgiebig sonnenbestrahlt, hier am Berg Nanos entsteht auch die Burja, die in den Wintermonaten durch das Land stürmt. Sehenswert sind die Städtchen Križ, Ajdovščina, Goče, Slap und Vipava. www.vipava-valley.si

IMPOSANTE HÖHLEN VON POSTOJNA

Die Höhlen von Postojna gehören zu den beeindruckendsten der Welt. Mehr als 150 Lebewesen bevölkern die Grotte, zum Beispiel der blinde Grottenolm (Proteus). Die Adelsberger Grotte ist die größte von über tausend Höhlen in Slowenien. www.postojnska-jama.eu

NOTRANJSKA REGIONALPARK

Die größte Besonderheit im 200 Hektar großen Regionalpark ist der See Čerknica, der größte Sickersee Europas. Dadurch verändert sich die Landschaft je nach Wetterlage ständig. www.notranjski-park.si

UNTERKÜNFTE

B&B CALLIGARIS

Gediegenes Luxusanwesen in Dobrovo v Brdih, Grajska cesta 18. Exklusive Lage und Einrichtung inmitten der Weinberge der Goriska Brda. https://b-calligaris-dobrovo.booked.net, T. +386 31 209893

HOTEL GREDIČ

Das weithin bekannte Schloss Gredič in Dobrovo v Brdih, Ceglo 9, ist ein exklusiver Platz zum Verweilen. Degustationsmenüs im eigenen Spitzenrestaurant. www.gredic.si, T. +386 40 477817

HOTEL SAN MARTIN

Das familiäre Boutiquehotel am Rande des Künstlerdörfchens Šmartno, Šmartno II, zeugt vom Geschmack der Besitzer. Finnische Biosauna und Vinothek. www.sanmartin.si, T. +386 5 3305660.

VILLA EVA

Die Lage in Dobrovo, Kozana 28, ist atemberaubend. Mitten in den Weinbergen findet man Designerzimmer, Sauna, Massagebad und Swimmingpool. www.villa-eva.si. T. +386 41 604120, +384 31 342604

DOMAINE DE GUERILA

Wenn man sich beim Weinproduzenten Guerila in Ajdovcina, Planina III, niederlässt, hat man von Designerzimmern einen schönen Blick über die Weinberge. www.guerila.si, T. +386 51 660265

URLAUB AM BAUERNHOF

TURIZEM BREG

„Wir ernten und kochen“, sagt Mirela Peresin. Alle Gerichte in dem Haus in Breg pri Golem Brdu 3, kommen frisch auf den Tisch. Schöne Zimmer. www.turizembreg.com, T. +386 5 3042555

KRANJC PRI ARNEJCKU

*Die Julischen Alpen und die glasklare Soča sind ganz in der Nähe. Familie Kranjc in Kobarid, Kosec 7, hat auch geräumige Familienzimmer anzubieten.
www.turizem-kranjc.si, T. +386 404175, M. +386 41 946088*

BAUERNHOF LISJAK

Boris Lisjak ist mit seinen hervorragenden Weinen bekannt geworden. Auf seinem Weingut in Dutovlje 31 hat er sehr komfortable Appartements errichtet. www.lisjak.si, T. +386 5 7640063

PRI FRISCEVIH

*Die fünf Zimmer des Bauernhauses in Kozina, Rodik 40, eignen sich zur gemütlichen Übernachtung. Am Hof wird heimisch gekocht.
www.turizem-race-rodik.si, T. +386 5 6800038*

ARKADE CIGOJ

*Der Bauernhof in Črnice 91 ist eines der ältesten Häuser des Ortes. Wunderschön restauriert, beherbergt das Steinhaus sechs Zimmer.
www.arkade-cigoj.com, T. +386 5 6800038*

OSMIZE

OSMICA AVIN

Traditionsreiche Osmica in Gradišče pri Vipavi 39a, die schon seit Generationen Besucher mit Wein und selbst gemachter Jause bewirtet. www.avin.si, T. +386 5 3665345

OSMICA ŠTREKELJ

In Črniče, Selo 2, werden typische Gerichte aus dem Vipava-Tal serviert. Jota, Pršut, Salami, Pancetta, Štruklji und vieles mehr. www.ekantina.com, T. +386 41 790741

OSMICA CERNIGOJ

Die Produkte für die hausgemachten Gerichte kommen vom Bauernhof in Lokavec 76b. Das Brot wird selbst gebacken, Schnaps und Liköre selbst gebrannt. www.vipavskadolina.si, T. +386 40 217192

OSMICA FERJANČIČ

Hausgemachter Schinken, Salami, Pancetta werden in der Osmica in Gradisče pri Vipavi 11a feilgeboten. Von der Burja getrocknet, bekommen sie den besonderen Geschmack. www.kmetija-ferjancic.com, T. +386 5 3685283, M. +386 31892585

OSMICA FAGANELI

In dem hübschen Ambiente der Osmica in Miren 142 fühlt man sich wie zu Hause. Feine Würste, Schinken, Pršut und typische hausgemachte Speisen. www.faganeli.si, T. +386 51 338951

SPORTEINRICHTUNGEN

KANUFAHREN AUF DER SOČA

Die Soča mit ihrem türkisblauen Wasser, den Stromschnellen und Wirbeln gehört zu den beliebtesten Kajakdestinationen Europas. www.soca-valley.com

SPEKTAKULÄRE RADTOUR

Die Radstrecke von Tolmin bis Nova Gorica ist 80 Kilometer lang, spektakulär und etwas für Radprofis. Wahlweise kann man auch den Berg Kolovrat erklimmen. www.outdooractive.com

ALPE-ADRIA-TRAIL

Der Alpe-Adria-Trail, Europas längste Wanderroute vom Glockner bis zur Adria, führt auch durch die Goriska Brda. Von Cividale, Golem, Šmartno geht es nach Cormons. www.alpe-adria-trail.com

PARAGLEITEN ÜBER DEM VIPAVA-TAL

Die Luftströmung über dem Vipava-Tal ist ideal zum Paragleiten, daher gibt es hier auch zwei registrierte Flugschulen und die Möglichkeit zu Tandemflügen. www.vipavska-dolina.si

FLIEGENFISCHEN AN DER SOČA

Die türkisfarbene, saubere Soča ist ein wahres Paradies für Fliegenfischer. Sportfischer sind von der großen Anzahl an Äschen, Regenbogen- und Soča-Forellen begeistert. www.soca-valley.com

KULINARISCHE FESTE

AUF DIE KIRSCHEN, FERTIG, LOS

Sobald die Kirschen reif sind, feiert man in der Goriska Brda das Kirschenfest in Šmartno und Dobrovo. Besonders nett ist die Wanderung von Kirschbaum zu Kirschbaum. www.brda.si

FEST DER ŽLIKROFI

Eine kulinarische Veranstaltung Ende August ist den köstlichen Teigtaschen aus Idrija, den Žlikrofi, gewidmet. Die ansässige Gastronomie gibt Kostproben. www.idrijski-zlikrofi.si

TAG DER OFFENEN WEINKELLER

Im Juni öffnen die Winzer der Goriška Brda ihre Weinkeller und geben den Besuchern Kostproben ihrer Spitzenweine. Eine gute Gelegenheit, die Geschmäcker kennenzulernen. www.brda.si

FRISCHE WEINE ZU MARTINI

Am Martinstag, demn 11. November, laden zahlreiche Weingüter in der Brda, im Vipava-Tal und im Karst zum Probieren des neuen Weines ein. www.slovenia.info

GENUSS IM VIPAVA-TAL

Jedes Frühjahr ist im Schloss Zemono, Reich des Spitzenkochs Tomaž Kavčič, das Kulinarik-Festival Okusi Vipavske zu Gast. www.zemono.si

GESCHÄFTE

DAROVI VIPAVSKE

Weine, Mehle, Brände, Naturkosmetik, Fruchtsäfte, Kaffee bekommt man im Geschäft Darovi Vipavske in dem schmucken Ort Kriz im Vipava-Tal. www.faladur.si, T. +386 31 393753

HOFGUT MAJERIJA

Ein Feinkostladen mit selbst erzeugten Produkten ist dem Hofgut Majerija in Slap angeschlossen. Liköre aus Himbeeren, Luschtock, Pelinkovec, Lavendelhonig und Tomatensugo. www.majerija.si, T. +386 5 3685010

OBST- UND KRÄUTERHAUS KIKRCA

Im Kräuterhaus Kikrca in Šmartno und Dobrovo ist man stolz auf die handgefertigten Produkte aus Obst und Kräutern wie Marmeladen, Aufstriche, Gebranntes. www.kirkrca.si, M. +386 41 951736

BAUERNHOF JERICIJO

Die Imkerei der Familie Jericijo in Kojsko, Podsabotin 17, hat eine große Honigvielfalt zu bieten: Blüten-, Akazien-, Kastanien-, Lindenblüten-, Wald- und Tannenhonig. www.heritaste-project.eu, T. +386 40 881458

NONA LUISA

Ein Laden in Šmartno 20, in dem es nach Lavendel und Seifen riecht. Lavendelprodukte, Honig, Liköre, Wein, Kekse, Mitbringsel. www.nonaluisa.com, T. +386 40 331110

TYPISCHE SPEISEN

IDRIJSKI ŽLIKROFI (GEFÜLLTE TEIGTASCHEN)

Die kleinen gekochten Teigtaschen, gefüllt mit Kartoffeln, Fett, Zwiebeln und Gewürzen, sind ein typisches Gericht, das die Bergleute Anfang des 20. Jahrhunderts nach Idrija gebracht haben.

BULJE (SÜSSE KNÖDEL)

Bulje sind Knödel aus Maismehl, Zucker, Rosinen, Zimt und Butter. Sie sind typisch für das Soča-Tal, ebenso die Trentarske Kloce, eine Art Štruklji, gefüllt mit Kletzen.

FRTALJE ALI CRVČE (EIEROMELETTE)

Eieromelette, gefüllt mit Kräutern, aber auch Schinken, Wurst oder Käse. Sie können entweder hauchdünn oder zentimeterdick gebacken werden.

VIPAVSKA JOTA (DICKE SUPPE AUS DEM VIPAVA-TAL)

Ein Eintopf aus Sauerkraut oder Rüben, mit Bohnen, Kartoffeln, Knoblauch, Schmalz und Mehl. Bei der Weinernte ein beliebtes Essen mit grammelgefüllten Štruklji.

ŠELINKA (EINTOPF AUS SELLERIE)

Ein Eintopf oder eine dicke Suppe aus Sellerieknollen. Kartoffeln, Reis und Bohnen machen daraus ein nahrhaftes Essen. Verfeinert wird sie mit einem Schuss Weißwein.

TYPISCHE PRODUKTE

ŠEBRELJSKI ŽELODEC (GERÄUCHERTER SCHWEINEMAGEN)

Schweinemagen, gefüllt mit Schweinefleischstückchen und etwas Speck. Der Geschmack ist den klimatischen Bedingungen auf den Almen von Šebrelje zu danken.

SIR TOLMINC (KÄSE AUS TOLMEIN)

Der Käse wurde unter diesem Namen schon 1756 erstmals erwähnt. Er zeugt vom reichen Kulturerbe bei der Käseherstellung in der Region rund um Tolmin.

SOČA-FORELLE

Die edle Soča-Forelle ist eine besondere Art, namens Marmorata, wegen ihrer schönen Zeichnung. Sie galt als ausgestorben, wird jetzt aber wieder aufwendig gezüchtet.

BRIŠKE ČEŠNJE (KIRSCHEN AUS DER BRDA)

Die dunkelroten Herzkirschen aus der Goriška Brda stießen schon auf Begeisterung am österreichischen Hof, immerhin ließ Kaiserin Maria Theresia Tausende Bäume pflanzen.

KRAŠKI PRŠUT (KARSTSCHINKEN)

Die Bora als Helferin beim Trocknen und die Tradition des bedächtigen Salzens haben aus dem Kraški Pršut eine Köstlichkeit mit dem Gütesiegel „DOC“ (geschützte geografische Angabe) gemacht.

OST-
SLOWENIEN

Von heißen Quellen und sanften Weinbergen

Pannonisches Klima und ein guter Boden lassen goldene Trauben reifen. Sanfte Weinberge prägen die wunderbare Landschaft, und überall in der Region sprudeln heiße, heilsame Thermalquellen aus der Erde. Die Städte Maribor/Marburg, Ptuj/Pettau und Celje/Cilli atmen eine lange Historie. Eine Gegend für Genießer mit authentischer Kost und exzellenten Weinen.

REBEN- UND THERMEN-ROUTE

Vorschlag für eine zweitägige Rundfahrt in Sloweniens Thermenregion

1. TAG

- *Besuch des ältesten Weinkellers in Ptuj mit Verkostung des Pullus-Weins*
- *Besuch des Schlosses von Ptuj mit der größten Sammlung an Turkerien der Welt*
- *Mittagessen bei Gredič in Ptuj*
- *Besuch der Vinothek Kobal in Ptuj*
- *Übernachtung im Hotel Mitra in Ptuj*

2. TAG

- *Kurzbesuch der Therme von Ptuj*
- *Fahrt über Maribor mit Rundgang in der Stadt und Besichtigung der „ältesten Rebe" der Welt.*
- *Weiterfahrt nach Kungota*

GOSTILNA PEC

Terrasse | Zimmer

Ein paar Schritte bis zur Drau

ES SIND NUR WENIGE SCHRITTE von der Gostilna Pec bis zum Ufer der Drau. Dort, wo sie kurz vor Maribor träge dahinfließt und so idyllisch wirkt, dass man gar nicht mehr weggehen möchte, würden nicht auf den weiß gedeckten Tischen im Gastgarten allerlei Köstlichkeiten locken. Einst hat man den Flößern deftige Gerichte gekocht, heute überrascht man Gourmets mit raffinierten Menüs und hervorragenden Weinen aus Slowenien und Italien. Im Weinschrank lagert das Who is Who der Weingrößen: Edi Simčič, Pullus, Erzetič, Kobal und Falot.

Das Küchenteam kocht sehr saisonal und mit den Produkten der Umgebung oder vom gar nicht so weit entfernten Meer. Gute Kombinationen sind der Oktopus mit Spargel oder die Pilz-Cappuccino-Suppe mit Sommertrüffeln. Sehen lassen konnten sich auch die Bärlauchgnocchi mit Hühnerstreifen. So nah am Wasser sind auch Fische nicht weit. Man fischt zwar keine aus der Drau, aber tischt Forellen aus der Umgebung oder Branzino auf. Mit Spargel und Kartoffeln machten sie sich sehr gut. Ein Erlebnis war auch die zarte Entenbrust mit flambiertem Spargel und Erdbeeren – eine interessante Vermählung der Geschmäcker. Wunderbar zart die Kalbskrone mit gerösteten Kartoffeln und Spargel. Die Kartoffeln in allerlei Varianten, von geröstet bis zum Schmarrn, wird man in Slowenien überall finden, ebenso süße Spezialitäten. Beim Pec sind es eine Vanillecreme mit frischen Früchtchen oder Erdbeerknödel mit Bröseln und brauner Butter. Trotz der kulinarischen Höhenflüge sind die Preise durchaus moderat. ■

Spodnja Selnica 1
2352 Selnica ob Dravi
T. +386 2 6740356
www.gostilnapec.si
gostilnapec@krs.net

Öffnungszeiten: Montag bis Freitag 9:30 bis 22 Uhr, Samstag 12 bis 22 Uhr, Sonn- und Feiertag 12 bis 18 Uhr

HIŠA DENK

gehobene Küche | Terrasse | Zimmer

Der Chefkoch ist überall

AN DER THEKE lümmelt ein Mann mit wuscheligem, schwarzem Haar. Er schnappt sich die Koffer und trägt sie in die Zimmer. Wohl der Hausmeister. „Sind Sie der Chef?", fragen wir einen anderen Mann leise. „Nein, bin nur ein Angestellter", kommt die Antwort. Beim Abendessen im stylischen Restaurant zeigt sich dann, wer der Chef ist: Gregor Vračko, den wir für den Hausmeister gehalten hatten.

Gregor ist Chefkoch und lebende Speisekarte zugleich. Viel verrät er nicht vom Menü, er fragt nur: „Was mögen Sie gar nicht?" „Paprika", tönt es unisono aus meinem und Tochters Mund. „Schade, gerade heute haben wir ein Paprikamenü." Scherzbold! Den ganzen Abend pendelt er zwischen Küche und Restaurant hin und her. Kocht er denn auch zwischendurch? Er schenkt Wein ein, fragt, ob es schmeckt. Und ob. Das Menü in neun Gängen, abwechselnd mit Fisch und Fleisch, ist eine kreative Sensation.

Zuerst kommt ein wolkiges Gänseleberparfait-Mousse, dann eine Jakobsmuschel mit allerlei Saucen und Cremen. Das geschmorte Ochsenwangerl ist so zart, dass man kein Messer braucht, um es zu zerteilen. Auf einen der zwei unterschiedlich zubereiteten Zander häuft Gregor höchstpersönlich einen Batzen Kaviar. Mit dem auf den Punkt gegarten Rindsfilet mit Topfenknöderln hätte man schon zu kämpfen, wäre es nicht so perfekt geraten. Die beiden Desserts sind ein Rundumschlag durch die schokoladig-cremige Küche. Der Weinkeller ist mit allem, was Europas beste Weinregionen zu bieten haben, gefüllt. Man sollte nur vorher nach dem Preis fragen, damit man keine Überraschung erlebt. ■

Zgornja Kungota 11A
2201 Zgornja Kungota
T. +386 2 6563551
www.hisadenk.si
info@hisadenk.si

Öffnungszeiten: Montag und Donnerstag von 11 bis 22 Uhr, Freitag und Samstag von 11 bis 24 Uhr, Sonntag von 11 bis 20 Uhr, Dienstag und Mittwoch Ruhetage

RESTAVRACIJA MAK

moderne slowenische Küche

Geniale Vračko-Show

IM MAK in der Vorstadt von Marburg einzukehren bedeutet nicht nur außergewöhnliches Essen, MAK ist ein Gesamterlebnis, eine Show. Der geniale Showmaster ist Chef David Vračko. Die Küche und sämtliche Räumlichkeiten des Restaurants sind seine Bühne, auf der er virtuos aufgeigt. Er empfängt uns angetan mit einer schweren Lederschürze, ausgeleierten Jeans, einem zerbeulten, braunen Hut und Sonnenbrille, die er den ganzen Abend nicht mehr abnimmt. Dann geleitet er uns an einen Tisch in der Küche, wo schon eifrig gewerkt, geschnitten, gedampft und für das Abendmenü vorbereitet wird. Auch das ist Teil der Show.

Die Ouvertüre beginnt auf ebendiesem Küchentisch, wo David vor unseren Augen den um einen Riesengrissino gewickelten Speck mit einem Flammgerät röstet. Er fragt nicht nach unseren Wünschen, wer hierherkommt, lässt sich einfach verwöhnen und einen Gang nach dem anderen servieren. Selbstredend ist einer köstlicher als der andere und so außergewöhnlich wie der Küchenchef. Man könnte sich solche Köstlichkeiten ohnehin nicht ausmalen, geschweige denn, wünschen.

Macarons mit einer Creme aus Gänseleber, frittierte Sardinen und lauter köstliche, kleine Leckereien, die man einfach mit den Händen zum Mund führt: Fingerfood im besten Sinn. Im Hintergrund braust die Filmmusik des „Paten" (Parla più piano) auf. Besser hätte es Coppola nicht inszenieren können. Und nebenbei arbeitet die Küchencrew leise und konzentriert. Der zweite Akt findet im Keller statt, wo ein Harmonikaspieler die Szenerie übernimmt. David schneidet dünne Scheiben vom Karstschinken und reicht sie uns. Er schwört mittlerweile auf die heimischen Produkte, die eine Qualität erreicht haben, die Vračko ins Konzept passt. Der dritte Akt endet wenig dramatisch im stylischen Gastraum, wo weitere fünf Gänge serviert werden. David kümmert sich mittlerweile um die 29 Gäste, die im geschmückten Kellerstübchen Platz genommen haben.

Es folgt ein perfekt gegarter Branzino mit Selleriepüree, eine butterzarte Kalbswange und eine Lämmchenscheibe, so zart und rosig, als wäre sie das Meisterstück von Bocuse gewesen. Ein Apfelsorbet bereitet den Magen auf ein feines Schokodessert und hausgemachte Pralinen vor. Ein außergewöhnlich kreatives Menü, dennoch ist immer erkennbar, was serviert wird. Die Weine, die ungefragt eingeschenkt werden, sind Super-Slowenen aus der Gorška Brda, dem Vipava-Tal und Jeruzalem. Für die Köstlichkeiten, die wir genießen durften, sind die 100 Euro (inklusive Wein) zwar keine Mezzie, aber durchaus angemessen. Die Vračko-Show gab es gratis dazu. ■

Osojnikova ulica 20
2000 Maribor
T. +386 2 6200053
www.restavracija-mak.si
info@restavracija-mak.si

Öffnungszeiten: Dienstag bis Samstag 12 bis 15 Uhr und 18 bis 21:30 Uhr, Sonntag und Montag Ruhetage. Mittags unbedingt vorreservieren. Gruppen ab zwölf Personen bekommen auch am Sonntag einen Tisch.

RESTAVRACIJA SEDEM

moderne slowenische Küche | Gastgarten

Ein stylisches Schulrestaurant

WÄHREND WIR UNS auf der stylischen Terrasse des erst drei Jahre alten, modernen Restaurants mitten im Universitätszirkel von Maribor niederlassen, herrscht einen Stock tiefer Spannung zum Zerreißen. Die Schülerinnen und Schüler der Tourismusschule, die im selben Gebäude untergebracht ist, zittern in feschen, dunklen Schuluniformen ihrer Reifeprüfung entgegen. Im Restaurant Sedem wurden sie im Laufe ihrer Schulzeit mit der Praxis vertraut gemacht. Bei so einem Training braucht man sich um den Nachwuchs in Sloweniens Gastronomie nicht zu sorgen.

Von Küchenchef Kristjan Anderlič kann man einiges lernen, die Küche ist einfach großartig. Beste Zutaten, kreativer Zugang zu den heimischen Produkten, Sorgfalt in der Zubereitung und Einfallsreichtum in der Komposition der Speisen zeichnen diese nette Location aus. Hier weht der Geist junger, sympathischer Menschen, die begierig sind, zu lernen.

Ein einziger, gelber Schaum war die Spargelcremesuppe, in der Rindsuppe schwammen nicht nur winzige Grießknöderln, sondern auch hauchfeine Gemüsejulienne. Ganz zart gerieten die Kalbsrippenstückchen mit einem fluffigen Spargel-Eierstich. Danach glänzte eine Crème brulée im Töpfchen.

Die Köstlichkeiten wurden noch dazu als Menü zum wohlfeilen Preis von 10,70 Euro serviert. Das gebratene Kalbshaxerl mit Erdäpfeln und Gemüsebeilage war auch nicht zu verachten. Sommelier Leon Furmann servierte dazu glasweise einen Šipon vom Puklavec aus Ormož. Als Krönung des überzeugenden Mahles wurden wir mit einem süßen türkischen Kaffee überrascht, den es hierzulande fast nirgends mehr gibt, der in Slowenien jedoch Usus ist. Fazit: Wir hätten die Mädchen und Burschen der Schule mit einem glatten Einser durch die Abschlussprüfung gelassen. Nicht zu vergessen, das Frühstück, die Mehlspeisen und die Kaffeespezialitäten, die man im angeschlossenen Kaffeehaus bekommt. ■

PRI FLORJANU

Grajski trg 6, 2000 Maribor
T. +386 5 9084850, www.priflorjanu.si

Öffnungszeiten Bistro: Montag bis Donnerstag 11 bis 22 Uhr, Freitag und Samstag 12 bis 23 Uhr, Sonntag Ruhetag
Restaurant: Montag bis Freitag 7 bis 22 Uhr, Samstag und Sonntag 8 bis 23 Uhr

In dem historischen Haus war einst eine Bäckerei untergebracht. Heute verwöhnt Dominik Kolenič seine Gäste mit Wiener Schnitzel, Štruklji und Pastagerichten.

Cafova ulica 7
2000 Maribor
T. +386 2 621021412
www.sedem.si
restavracija@sedem.si

Öffnungszeiten Restaurant: Montag bis Mittwoch 11 bis 17 Uhr, Donnerstag, Freitag, Samstag 11 bis 23 Uhr, Sonntag Ruhetag

Kaffeehaus: Montag bis Mittwoch 8 bis 17 Uhr, Donnerstag, Freitag 8 bis 22 Uhr, Samstag 11 bis 23 Uhr, Sonntag Ruhetag

RESTAURANT ROŽMARIN

moderne slowenische Küche | Terrasse

Ein Multifunktionslokal

DAS ROŽMARIN ist ein modernes, stylisches Multifunktionslokal. Ein ausgiebiges Frühstück, einen Snack zwischendurch, einen schnellen Lunch zu Mittag oder ein gemütliches Abendessen? Vielleicht möchte man nur ein Glaserl vom guten Wein trinken und sich mit seinen Freunden unterhalten? Im Rožmarin ist alles möglich: Es ist Restaurant, Café, Delikatessengeschäft und Vinothek in einem. Für Kinder ist das Lokal überhaupt ein Hit, sie dürfen sich ihr Essen unter Anleitung der Köche selbst zubereiten. Wenn das keine Kinderanimation ist?

Vegetarier freuen sich über Gemüseköstlichkeiten wie Couscous mit Tomaten und Zucchini oder über eine cremige Maissuppe mit Steinpilzen oder ein Safranrisotto. Es gibt aber auch gegrillten Fisch oder Schweinsfilet auf Linsen oder Trüffelrisotto. Für die süßen Leckereien ist das Rožmarin auch sehr berühmt, besonders der hausgemachte Rožmarin-Nougat mit Schokolade und gebrannten Mandeln ist ein Hit.

Ein Erlebnis ist das Weinangebot. Es gibt kaum einen slowenischen Edelwinzer, der seine Flaschen nicht im Rožmarin abgeliefert hätte. Auch die internationalen Weine können sich sehen lassen. Langweilig wird es in dem Lokal sowieso nie, denn es ist schon ein Erlebnis, den Köchen bei ihrer Arbeit durch die Glaswand zuzusehen und die Entstehung des eigenen Essens zu verfolgen. ■

Gosposka ulica 8
2000 Maribor
T. +386 2 2343180
M. +386 31 388179
www.rozmarin.si
rozmarin@rozmarin.si
Öffnungszeiten: Montag bis Donnerstag 8 bis 24 Uhr, Freitag und Samstag 8 bis 2 Uhr, Sonn- und Feiertag Ruhetage

GOSTILNA MARIBOR

Glavni trg 8, 2000 Maribor
T. +386 2 22345606, M. +386 31 565565,
www.gostilna.maribor.si, info@gostilnamaribor.si
Öffnungszeiten: Montag bis Donnerstag 7:30 bis 23 Uhr, Freitag 7:30 bis 2 Uhr, Samstag 8 bis 2 Uhr, Sonntag 8 bis 16 Uhr

In dem modernen Bistro wird Feines für zwischendurch serviert. Zum Beispiel knusprige Backhendlstücke oder überbackene Brote. Dazu lässt man sich ungefiltertes Hausbier schmecken.

PRI TREH RIBNIKIH

Ribniška 9, 2000 Maribor
T. +386 2 2344170
www.trijeribniki.si, trije.ribniki@termemb.si

Öffnungszeiten: Dienstag bis Samstag 12 bis 21 Uhr, Sonntag 11 bis 18 Uhr, Montag Ruhetag

Eines der ältesten Restaurants in Maribor mit traditioneller, regionaler Küche. Zander und Forellen werden besonders schmackhaft zubereitet.

RESTAVRACIJA PAVUS GRAD TABOR

gehobene slowenische Küche | Terrasse

Kongeniales Paar: Bier und Schokolade

SCHON DER EINTRITT in die alte Burg, in der sich das relativ neue, stylische Restaurant befindet, ist ein Erlebnis der besonderen Art. Bei schönem Wetter fühlt man sich im ehrwürdigen Burghof wie ein Burgfräulein. Ein weißes Zelt schützt vor Hitze oder eventuellen kurzen Regengüssen.

Bereits beim ersten Gang des Fünf-, Sechs- oder Acht-Gänge-Menüs zu durchaus christlichen Preisen sieht und schmeckt man deutlich: Hier ist ein Künstler am Werk. Der junge Küchenchef Marko Pavčnik hat bereits viel Anerkennung in der Branche erfahren und jongliert mit den Aromen, die von ausgesuchten Produkten der Umgebung kommen, spielerisch und gekonnt. So ist das Bier, das in Laško gebraut wird, ein Fixpunkt in der Küche. Man glaubt kaum, welch perfekte Symbiose es mit anderen Geschmäckern eingeht – sogar mit Schokolade, Passionsfrucht oder Honig. Laško ist ein Zentrum der slowenischen Braukunst. Auch wenn das Laško Pivo seit geraumer Zeit in Händen des weltweiten Heineken-Konzerns liegt, schmeckt das Bier – leicht süßlich, frisch, zart mit zurückhaltender Kohlensäure – wie aus einer kleinen Privatbrauerei.

Die Speisekarte liest sich wie ein Spaziergang durch eine vielfältige Welt von Aromen und bietet einen Vorgeschmack auf Markos Kreativität. Zum Beispiel: Pavus cremige Suppe aus 15 Wildkräutern oder Hirschbäckchentortellini in Rindfleischconsommé mit Lindenduft, Ochsencarpaccio mit japanischem Staudenknöterich, Waldsauerkleeeis und Tannenluflée. Da nehmen sich die Bier-Schoko-Pralinen fast schon banal aus. Man kann aber neben den Degustationsmenüs, die seltene Überraschungen bieten, auch aus der Tageskarte wählen. Hier gibt es Altbekanntes wie Spanferkel mit leichter Gemüsemayonnaise, glasierte Wachtelbrust mit Wildpastinaken oder Seebarschfilet aus der Adria mit Zitronenpüree. Pavčniks Reich sollte man keinesfalls verlassen, ohne sich sein Sorbet mit Bier und dunkler Schokolade auf der Zunge zergehen zu lassen.

Seine Kochkünste vermittelt Pavčnik gerne in eigenen Kursen. Wenn man bei Marko vorbeischaut, kann man auch einen Abstecher in die nahe Therme machen, die Ayurvedakuren anbietet – als Ausgleich zur allzu üppigen Kost. ■

Cesta na Svetino 23
3270 Laško
T. +386 3 6200723
www.pavus.si
info@pavus.si
Öffnungszeiten: Dienstag bis Samstag 12 bis 22 Uhr, Sonntag und Montag Ruhetage, außer für vorangemeldete Gruppen und Kochkurse

JEUNES
RESTAURATEURS
D'EUROPE

GALERIJA OKUSOV

Novo Celje 9, 3301 Petrovče
T. +386 31 657605, www.galerijaokusov.si

Öffnungszeiten: Mittwoch bis Samstag 11 bis 22 Uhr, Sonntag bis Dienstag Ruhetage

Stylisches Lokal in einem Schlossgarten mit heimischen und internationalen Spezialitäten, von einem jungen Team sehr kreativ umgesetzt. Die Auswahl an Weinen ist fast unüberschaubar.

GOSTILNA TRAMŠEK

Žerovinci 25b, 2259 Ivanjkovci
T. +386 27194097, www.gostilnatramsek.si
info@gostilnatramsek.si

Öffnungszeiten: Mittwoch bis Samstag 11 bis 22 Uhr, Sonntag 11 bis 17 Uhr, Montag Ruhetag

Küchenchefin Jelena Tramšek und Sommelier Zvonko ergänzen sich ideal. Sie kocht saisonal mit frischen Zutaten. Er sucht die passenden Weine aus. Hier schmeckt die Gibanica besonders gut.

GOSTILNA FRANCL

Zagrad 77, 30000 Celje
T. +386 3 4926460, www.gostilnafrancl.si
peter.zaversek@siol.net

Öffnungszeiten: Dienstag bis Samstag 11 bis 22 Uhr, Sonntag und Montag Ruhetage

Deftige slowenische Küche mit allerlei Spezialitäten, wie Kuttelfleck, Fohlengulasch, marinierte Zunge oder Žagrajska-Forelle. Francl kocht regional, zum Beispiel gibts Feldsalat und Löwenzahn im Frühjahr. Štruklji sind ein Muss.

GOSTILNA ŠIKER

slowenische Küche | Terrasse | Zimmer

Köstliche Schweinereien

Močna 7
2231 Pernica
T. +386 2 7206921
www.siker.si
gostilna@siker.si

Öffnungszeiten: Mittwoch bis Samstag || bis 22 Uhr, Sonn- und Feiertage || bis 20 Uhr, Montag und Dienstag Ruhetage

HIER GIBT ES BOGRAČ. Das gulaschähnliche Gericht mit Fleisch, Kartoffeln und Teigwaren ist typisch für die Region. Dabei fällt die Wahl schwer, denn Käseštruklji, Schweins- und Kalbsbraten frisch aus dem Rohr, gekochtes Rindfleisch mit Stampfkartoffeln und gefüllte Kalbsbrust rittern mit dem Bograč um die Gunst der Gäste. Dann wären da noch Brathendl, Hühnereintopf, Wildschweinmedaillons oder eine knusprig gebratene Ente mit Fladenbrot. Wenn im Winter überall in der Gegend Schweine geschlachtet werden, sind die Schlachtplatten bei Šiker voll beladen. Auf Bergen von Sauerkraut oder Rüben türmen sich köstliche Schweinereien wie Blutwürste, Mežerli (Maischerln) und Kochfleisch. Dazu gibt es große Bohnen, wie in der Region üblich. Auch bei den Desserts ist Vielfalt angesagt. Je nach Jahreszeit nascht man an Kirschstrudel, süßen Topfenštruklji mit Weichselkompott, Apfelstrudel oder Kastanienpannacotta mit Karamellsauce oder eine selten gewordene Charlotte – eine ausgewiesene Šiker-Spezialität.

Wer gut isst, sollte auch ein feines Tröpfchen dazu genießen. Im hauseigenen Weinkeller lagert unter dem imposanten Kellergewölbe eine große Anzahl hervorragender Weine aus eigenem Anbau. Gelber Muskat oder Welschriesling sind von spritziger Frische. Mittlerweile ist die fünfte Generation in der Gostilna am Werk und die Küche passt sich dem modernen Geschmack der Gäste an. Man überrascht mit mehrgängigen Degustationsmenüs zu günstigen Preisen. ■

GOSTILNA ŠIKER
1870

RESTAURANT VILA HERBERSTEIN

moderne, internationale Küche | Garten | Zimmer

Obst wie im Garten Eden

Kopališka cesta 1
3320 Velenje
T. +386 3 89614000
Öffnungszeiten: Montag bis Samstag von 12 bis 22 Uhr, Sonntag Ruhetag

IN DER WUNDERSCHÖNEN VILA Herberstein, nahe der Industriestadt Velenje scheint die Zeit stehen geblieben zu sein. Nicht so in der Küche des modernen Restaurants. Küchenchef Igor Stankovič und sein junges, enthusiastisches Team interpretieren die slowenische Küche neu. „Wir probieren immer Neues aus, bleiben niemals stehen und reichen allen die Hand, die unser Stück Land lieben", sagt Igor pathetisch.

Umso reduzierter ist die Art der Zubereitung. Bei Fleisch, Fisch und Gemüse lässt man den Eigengeschmack wirken und schaut genau, wo die Produkte herkommen. Das Šalek-Tal ist noch voll von Obstgärten mit alten Sorten, was vor allem im Frühjahr ein zartes Blütenmeer abgibt. Im Herbst werden Äpfel, Erdbeeren und Birnen geerntet, die augenblicklich in die Küche wandern und mit viel Kreativität verarbeitet werden. Kühe und Lämmer weiden auf 700 Höhenmetern, was das Fleisch der Tiere besonders schmackhaft werden lässt.

All das wandert in die Töpfe und wird zu schmackhaften Gerichten gemacht und liebevoll dekoriert. Eine gelungene Kombination ist zum Beispiel frische, saftige Birne mit Frischkäse. Die Fische aus dem nahen Teich sind schön knusprig gebraten und werden mit Buchweizenrisotto serviert. Obst in allen Variationen dominiert auch die Desserts, die dadurch schön frisch anmuten. ■

GOSTILNA GREBENŠEK

slowenische Küche | Gastgarten

Wild, ganz zahm

DER IDYLLISCHE GASTHOF wird von Grün eingehüllt. Saftige Wälder, blumige Gärtchen und Pelargonien an den kleinen Fenstern geben einem das Gefühl, wieder in der Kindheit angekommen zu sein. Im Winter wärmt ein Kachelofen und an den Wänden grüßen Auerhähne und Fasane. Hier ist die Jagd allgegenwärtig. Daher nimmt das Wild auch einen bevorzugten Platz in der Küche ein. Sei es ein saftiges Wildgulasch, eine Hirschkeule, ein Hirschsteak oder Rehmedaillons – das Angebot ist groß und köstlich.

Besonders sind auch die variantenreichen Beilagen: Semmelknödel, Bandnudeln, Štruklji und natürlich Sterz. Aus Buchweizen oder auch aus Kartoffeln. Das Brot wird im Haus gebacken und ist entsprechend schmackhaft und knusprig. Wer sich mit einer Jause begnügen möchte, ist auch nicht schlecht bedient. Hier gibt es den selten gewordenen echten Savinjer Magen oder eine hausgemachte Wildsalami. Riesengroß und sehr gut ist das Angebot an hausgemachten süßen Verführungen, die über verschiedenste Strudel reichen, Prekmurjer Gibanica, Potice und gefüllte Palatschinken aller Art. Und um guten Wein zu trinken, braucht man keine Flasche zu öffnen. Der Hausherr selbst sucht die offenen Weine aus. Rheinriesling aus Svečine, Cviček aus Dolenjska oder Refošk aus Koper. ■

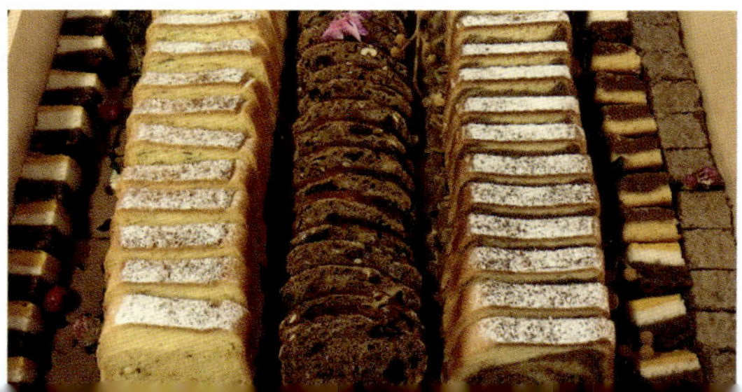

Bele Vode 2
3325 Šoštanj
T. +386 3 5892373

Öffnungszeiten: Dienstag bis Freitag und Sonntag von 10 bis 20 Uhr, Samstag 10 bis 22 Uhr, Montag Ruhetag

GOSTILNA GRABAR

slowenische Küche | Gastgarten | Zimmer

Wenn Alenka aufkocht

Rabelča vas 15a
2250 Ptuj
T. +386 2 7782140,
+386 41 705286
info@gostilnagrabar.com
www.gostilnagrabar.com
Öffnungszeiten: Dienstag bis Samstag 10 bis 22 Uhr, Sonntag von 10 bis 19 Uhr, Montag Ruhetag

BEVOR MAN ALENKAS behutsame Küche aus frischen, authentischen slowenischen Produkten genießt, ist man erst einmal von der Aussicht beeindruckt. Man blickt von der überdachten Terrasse auf das Wirrwarr der einheitlich roten Ziegeldächer von Ptju/Pettau – die sind vom Denkmalamt genau vorgeschrieben – und die Drau, die sich in der Ferne zu einem imposanten Stausee weitet.

Alenka überwürzt nicht und salzt bedächtig, das muss man wissen. Sie verwendet lieber die Kräuter aus ihrem eigenen Garten. Die schwimmen auch in der Rindssuppe mit den flaumigen Grießnockerln und garnieren die zarte Hühnerleberpastete mit Krainer-Wurst-Scheiben, die liebenswürdig von der Küche grüßt.

Den Korb mit dem selbst gebackenen Brot möchte man am liebsten schon vorher leeren, würde nicht noch so manche Köstlichkeit folgen. Zum Beispiel kross gebratene Saiblingfilets aus einer nahen Fischzucht mit einem Hadn-Risotto und gebratenen Štruklji. Der zarte Schweinsbauch trug eine fein gebräunte Kruste, dazu passte das Gartengemüse gut.

Viel Kreativität und Geschmackssinn steckten im Dessertteller, der mit Himbeermousse und Weinchaudeau garniert war. Es ist Alenkas Leidenschaft, die Produkte von lokalen Bauern und Weingütern auszuwählen.

„Mea Culpa" hieß der Wein von Kogl, der sich harmonisch mit den Speisen vereinte.

Mit viel Geschmack sind auch die sechs Zimmer eingerichtet, die sich im neuen Haus befinden. Eine gute Gelegenheit, wenn man dem Wein einmal ausgiebiger zugesprochen hat. ■

GOSTILNA AMADEUS

traditionelle Küche | Terrasse | Zimmer

Die Königin der Štruklji

„DAS IST DIE KÖNIGIN der Štruklji“, deutet Aljoša vom Tourismusbüro auf Mira. Sie fegt gerade den Hof des kleinen Apartmenthäuschens Mala Hiška, direkt am Aufgang zum Schloss Ptuj gelegen. Ein herziges Anwesen zum Genießen. Eigentlich ist Mira ja die Wirtin vom nur wenige Schritte entfernten Gasthaus Amadeus und ihre Spezialität sind viele Spielarten des gekochten Strudels und der Gibanica.

„Es gibt hundert und eine Art von Štruklji“, antwortet sie auf die Frage nach einem Rezept. Sie offeriert uns weiße mit Topfenfülle, Bröseln und brauner Butter und welche aus Buchweizenmehl (Hadn) mit einer Pilzsauce. Es gibt auch welche mit Spinat und Grammeln, mit Zimt und Zucker und Hadnfüllung. Auch die Gibanica, die man sonst als Schichtkuchen kennt, sieht in der Untersteiermark (Štajarska) ganz anders aus. Es ist ein Fladen aus Germteig mit einer gar nicht so süßen Auflage aus Topfen und Eiern überbacken. Rosinen braucht man keine zu picken, die gibt's nicht in Miras Gibanica.

Kein Wunder, dass die Wirtin eine Expertin in Sachen Mehlspeisen ist, betreibt doch ihr Vater seit mehr als 60 Jahren eine Mühle, fünf Kilometer von Ptuj entfernt. Von dort bekommt sie das Mehl in allen Variationen. „Hadnmehl läuft den Mehlen den Rang ab“, erzählt er. Brot, Kuchen, Sterz – alles werde daraus gemacht. Daher wird man auch viele Hadngerichte auf Miras Speisekarte finden. ■

Prešernova ulica 36
2250 Ptuj
T. +386 2 7717051
www.gostilna-amadeus.si
amadeus@amis.net

Öffnungszeiten: Montag und Mittwoch bis Samstag von 12 bis 22 Uhr, Sonntag von 12 bis 16 Uhr, Dienstag Ruhetag

GOSTILNA RIBIČ

Terrasse | Zimmer

Ribič fischt nach Feinschmeckern

RIBIČ, das elegant-entspannte Restaurant direkt am Ufer der Drau, fischt schon seit mehr als 30 Jahren nach Feinschmeckern, die sich vor allem dem Fischgenuss hingeben wollen. So nah am Wasser ist das auch einleuchtend. Seit einigen Jahren ist ein verjüngtes Küchenteam am Werk, das ein neues Kapitel kreativer Kulinarik schreibt. Was geblieben ist, ist die schmackhafte Fischküche. Aber nicht nur: die slowenischen Klassiker wie Beef Tartare, Schnitzerl, gekochter Strudel, Buchweizenrisotto und im Herbst Wildgerichte findet man genauso auf der umfangreichen Karte. Besonders zeichnet sich die hauseigene Konditorei aus. Die Süßigkeiten des Ribič-Teams, wie zum Beispiel die Crème brulée und die Kuchen, sind legendär. Die Slowenen sind ja bekanntermaßen Naschkatzen, was die vielen Schokolademanufakturen und Konditoreien im Land beweisen.

Viel Abwechslung bietet der Blick von der Ribič-Terrasse auf die Fußgängerbrücke über die Drau. Während wir uns über das Kalbsrippenstück und Calamari vom Grill hermachten, marschierte ein Hochzeitszug nach dem anderen musizierend über die Brücke. Ein buntes Bild mit heiterer Hintergrundmusik. Vorbei die Zeiten, als man einen Batzen cremiges, geschmackloses Tartare mit Margarine und Zwiebel am Teller fand. Beim Ribič war es auf einer schwarzen Granitplatte appetitlich angerichtet. Beim Kalbfleisch sollte man in Slowenien zugreifen, das gibt es noch zu christlichen Preisen in hervorragender Qualität, wie das Kalbsrippenstück, das wir genüsslich verzehrten. Die Calamari hätten ein bisschen knuspriger sein können. Die Weine sind neben den gängigen Flaschenweinen vorwiegend aus der Halože-Gegend, also sehr hochwertig. ■

Dravska ulica 9
2250 Ptuj
T. +386 2 7490635
M. +386 41 808449
www.pan-restavracija.si/gostilna_ribic/
gostilna.ribic@talum.si

Öffnungszeiten: Montag bis Donnerstag 11 bis 23 Uhr, Freitag und Samstag 10 bis 24 Uhr, Sonntag 11 bis 22 Uhr

GOSTIŠČE PRI TONETU

Gastgarten | Zimmer

Kutteln heißen Vampi

Zadružni trg 13
2250 Ptuj
T. +386 7 885638
M. +386 41 764 407
www.gostišče-svensek.si
svensek.marjeta@amis.net

Öffnungszeiten: Montag bis Samstag 7 bis 22 Uhr, Sonntag 8 bis 22 Uhr

FAST WÄREN WIR wieder abgehauen. Der Gastgarten an der Straße und der Grasteppich auf der Terrasse waren wenig einladend. Doch die Neugierde siegte. Das Schild an dem alten Bürgerhaus nahe der Fußgängerbrücke über die dort schon sehr breite Drau erklärte uns, dass man hier und nur hier die authentische slowenische Küche kann. Das verhieß immerhin ein deftiges, aber schmackhaftes Mahl. Außerdem konnten wir nicht mehr weglaufen, weil die Kellnerin schon mit gezücktem Block vor uns stand. Wir haben gut daran getan, zu bleiben, zumal das Innere des Gasthauses in durchaus properem Zustand war.

Selbst gemachte Nudeln in einer von Kräutern und Fleisch strotzenden Rindssuppe und eine Saure Suppe mit vielen Fleischstücken versöhnten uns alsbald mit dem optimierbaren Ambiente. Und als dann ein Schweinsbraten am Knochen in einem Safterl daherkam, wie man es von früher gewohnt war, machte sich Wohlwollen breit, das in Begeisterung ausartete, als herrliche Kuttelfleck mit dem netten Namen Vampi aufgetischt wurden. Aidova Pohača heißt hier der Traum aus Topfen, Eiern und einer Fülle aus Hadn. Die vielen Einheimischen, die hier essen, wissen wo's schmeckt!

„Seveda!" („Selbstverständlich") beschied uns die resche Serviererin auf die Frage, ob man türkischen Kaffee bekommen könnte. Der Birnenschnaps und der einfache Refosco zauberten die Terrasse im Nachhinein noch einigermaßen schön. Köstlich und typisch Slowenisch war es auf jeden Fall. Die Rechnung fiel schlussendlich fast beschämend niedrig aus. ■

GOSTILNA LOVENJAK

slowenische Küche | Innenhof

Essen unter Weinreben

GLÜCKLICH, WER EINEN TISCH im Innenhof unter den Weinreben ergattern kann, denn dort ist es besonders romantisch und an heißen Sommertagen herrlich kühl. Hier kann man getrost darauf warten, was die Küche auf den Tisch zaubert. Währenddessen beobachtet man das Storchennest – ein Zeichen, dass man der ungarischen Puszta ganz nahe ist.

Probieren sollte man die slowenische Pilzsuppe mit einem Schlagobershäubchen, das Forellenfilet, das mit Kürbiskernen ummantelt ist, und die regionalen Spezialitäten vom rohen Schinken. Dann ist man bereit für den Schweinsbraten mit feiner Kruste. Weil Prekmurje die Heimat der Gibanica, des unvergleichlichen Schichtkuchens aus drei Teigsorten und vier Füllungen (Apfel, Nuss, Topfen, Mohn) ist, sollte man beherzt zugreifen. So eine original Gibanica gibt es nicht überall. Früher war das Gebäck überhaupt nur festlichen Anlässen vorbehalten, heute bekommt man es in jeder besseren Bäckerei. Die Qualitätsunterschiede sind aber enorm.

Die Auswahl an lokalen Weinen ist groß, denn in der näheren Umgebung befindet sich eine Reihe hervorragender Winzer. Das Preis-Leistungs-Verhältnis ist durchaus in Ordnung. ■

Polana 40
9000 Murska Sobota
T. +386 2 5252159
www.lovenjakov-dvor.si
gostilna-lovenjak@siol.net

Öffnungszeiten: Montag bis Freitag 11 bis 22 Uhr, Samstag 11 bis 24 Uhr, Sonn- und Feiertag 11 bis 21 Uhr

GOSTILNA RAJH

traditionell-moderne Küche | Gastgarten

Die leichte Tradition

Soboška ulica 32,
Bakovci
9000 Murska Sobota
T. +386 2 5439098
www.rajh.si
info@rajh.si

Öffnungszeiten: Dienstag bis Freitag 11 bis 22 Uhr, Samstag 11:30 bis 22 Uhr, Sonn- und Feiertag 11:30 bis 16 Uhr, Montag Ruhetag

ES IST EIN ALTEINGESESSENES, gastliches Haus. Die Familie betreibt die Gostilna Rajh in dem kleinen Dorf Bakovci in vierter Generation. Die Großmutter steht immer noch in der Küche und liefert der jungen Generation die altbewährten Rezepte. Dass sich rund um das Dorf endlose Buchweizenfelder ausdehnen, kommt der Küche zugute. Das traditionelle Getreide Ajdova, das in keiner slowenischen Küche fehlen darf, wird hier noch ganz traditionell als Sterz mit Grammeln, manchmal auch mit Pilzsuppe serviert. Wer den erdigen Geschmack schätzt, wird ob dieser rar gewordenen Köstlichkeit jubeln. Auch Paprikasch mit hausgemachten Nudeln ist in dieser Ecke Sloweniens ein Standard. Hier ist es keine dicke Pampe, sondern ein Gericht mit sämiger, wunderbar abgeschmeckter Sauce. Und die Rote-Rüben-Tascherln? Und die Tagliatelle mit Pilzen? Das Carpaccio von der Gänsebrust? Der wunderbare Bograc und die zarte Kalbsleber. Die sind eine echte Offenbarung kreativer Küche. Wir haben selten so eine saftige Gibanica gegessen.

Kein Zweifel, Mutter Tanja und Sohn Leon Pintarič haben frischen Wind in die Küche gebracht und dabei auf die Tradition nicht vergessen. Das Haus gehört zur Chaine des Rotisseurs, was an sich schon eine Qualitätsauszeichnung ist. Ein fünfgängiges Menü bekommt man bereits um 35 Euro. Zur Gostilna gehört auch eine Miniausgabe, wo es feine Burger und schnelle Gerichte gibt. ■

JRE

OŠTERIJA DEBELUH

moderne Küche | Terrasse

Man gönnt sich ja sonst nichts

Trg izgnancev 7
8250 Brežice
T. +386 7 4961070
www.debeluh.si
info@debeluh.si

Öffnungszeiten: Montag bis Samstag 12 bis 22 Uhr, Sonntag Ruhetag, außer gegen Voranmeldung. Von 1. Juli bis 1. September können die Öffnungszeiten abweichen.

ZWEI DINGE berichtet man über den Chef der Ošterija Debeluh, Jure Tomič: Er horte rund 400 verschiedene Weine in seinem Keller, darunter Archivweine, Super-Toskaner, Bordeaux und Burgunder in Magnumflaschen, und er mache die beste Pasta der Welt. Nun, Weinliebhaber werden vor Ehrfurcht versinken, wenn sie gleich beim Eingang auf der Theke Magnums von Angelo Gaja oder Sassicaia antreffen – Jures Schätze. Doch was sollte man anderes von einem Weinenthusiasten erwarten, der im Jahr 2010 Sommelier-Champion Sloweniens war und das Land bei der Europäischen Sommeliermeisterschaft in Straßburg vertreten hat?

Bei Debeluh sollte man sich Zeit lassen, das gemütliche, reich dekorierte Gasthaus macht den Aufenthalt durchaus angenehm. Vom Namen sollte man sich nicht abschrecken lassen, denn „debel" heißt auf Deutsch „dick". Doch Jures Küche ist weit davon entfernt, dick zu machen. Eine geräucherte Forelle mit Kren, Birne und Kaviar ist ein durchaus leichtes Gericht. Auch eine wunderbare Pasta mit jungem Ziegenkäse und Kürbisblüten lässt keinen schweren Magen zurück.

Man sollte sich Jure anvertrauen, wenn er zu jedem Gang des Degustationsmenüs den passenden Wein kredenzt. Er weiß es wahrscheinlich besser als jeder andere. Sicher sind die Preise für die Qualität in eher höheren Sphären, doch „man gönnt sich ja sonst nichts". ■

DEBELUHOV HRAM
GAJA

PTUJSKA KLET VINARSTVO

Goldene Rebe im schwarzen Keller

Im alten Weinkeller von Ptuj findet man noch Weinraritäten aus einer anderen Zeit.

FRANC BRODNJAK steckt bedächtig den großen Schlüssel ins Schlüsselloch. Knarrend öffnet sich die alte Holztüre zum ältesten Weinkeller von Ptuj/Pettau und vielleicht auch von Slowenien. Ein paar Stufen tiefer umfangen uns erfrischende Kühle, der Geruch alter Holzfässer und undurchdringliche Finsternis. Bis Franc das fahle Licht anknipst, das den Blick auf eine lange Reihe riesiger Holzfässer freigibt. Teilweise reich verziert, mit Sprüchen („in vino veritas") und Schnitzereien versehen. Das größte der 132 Fässer fasst 40.000 Liter und wird noch immer verwendet. Es wurde aus Eichenholz von Prekmurje gefertigt und wegen seiner Größe im finsteren Keller zusammengebaut. Eine beständige Luftfeuchtigkeit von 85 Prozent und 11 Grad zeichnen das Klima in den weitläufigen Kellerräumen aus.

Vinarski trg 1
2250 Ptuj
T. +386 2 7879810
www.ptujska-klet.si
info@ptujska-klet.si

Franc lebt seit 36 Jahren mit dem Weinkeller, davon 19 Jahre als Kellermeister. Heute führt er Besucher durch seine hochprozentige Unterwelt. Kein Wunder, dass er viel zu erzählen hat. „Schon die römischen Legionäre in Petovia schätzten das Göttergetränk, das sie auf den fruchtbaren Hügeln von Halože mit seinem einzigartigen Mikroklima angebaut haben", sagt Franc. Mit dem Untergang des Römischen Reichs ging es auch mit dem Weinbau bergab, bis 1239 die Minoriten und später die Dominikaner in Pettau Einzug hielten und dem Weinbau zu neuem Aufschwung verhalfen. Seine große Blütezeit erlebte er, als Halože im Jahr 1438 an die Herren von Pettau kam. Im 18. Jahrhundert wurden Riesling und Furmint (Šipon) aus Pettau bis nach Amerika verschifft.

Solch alte Weine lagern zwar nicht mehr im Keller, doch immerhin 40 Flaschen vom ältesten Archivwein Sloweniens, der mehr als hundert Jahre alt ist. Auf den dick mit Staub bedeckten Flaschen steht „1917". Voll Ehrfurcht blickt man auf den Wein „Zlata trta" (Goldene Rebe). „Es dürfte eine Cuvée mit weißem Zierfandler sein. Genau weiß man es nicht mehr", erklärt Franc. Könnte man ihn noch trinken? „Man hat ihn einmal gekostet und für ausgezeichnet befunden. 1917 muss ein guter Jahrgang mit viel Zucker im Wein gewesen sein", ist er überzeugt. Kaufen kann man diese Flaschen nicht mehr, sie werden für spätere Generationen aufbewahrt.

Sehr wohl werden aber Weine ab dem Jahrgang 1920 verkauft. Erst kürzlich habe ein slowenischer Sammler für eine Flasche aus dem Jahr 1921 54.000 Euro hingeblättert und ist ganz glücklich von dannen gezogen. Es war der bisher teuerste Wein.

Dagegen nehmen sich die 34.000 Euro für eine Flasche aus dem Jahr 1927 wie eine Mezzie aus. In drei davon hat der Herr aus Slowenien investiert. Sammler und Investoren sind die Käufer der Archivweine aus dem Keller von Ptuj. „Immerhin macht die Wertsteigerung bis zu 17 Prozent aus", schätzt Franc. Eine lohnende Anlage. Damit die wertvollen Flaschen ihre Qualität behalten, muss der Wein darin alle fünf bis zehn Jahre umgekorkt werden. „Das ist die wichtigste Arbeit und muss sehr schnell gehen", erklärt der ehemalige Kellermeister.

Eng mit der Geschichte des Kellers ist der einstige Bürgermeister von Ptuj, Josef Ornig, verbunden, der ein erklärter Weinliebhaber war und drei Kellereien in der Umgebung besaß. Im Jahr 1918 musste er die Stadt verlassen. Vorher schüttete er den Archivkeller zu und stellte ein großes Fass davor. Erst viel später hob man den Schatz, bestehend aus 170.000 Flaschen. Heute ist die Kellerei ganz profan im Besitz der Aktiengesellschaft Perodnina Ptuj, die einer russischen Oligarchenfamilie gehört. „Sie mischen sich nicht ein und lassen uns in Ruhe arbeiten", sagt Franc.

Denn immerhin gehört die Kellerei zu den größten Weinproduzenten der Gegend mit 250 Hektar Weinfläche in Halože. Seit dem Jahr 2007 wurden mehrere Millionen Liter unter der Marke „Pullus" (junger Hahn) erzeugt: Šipon, Weißburgunder, Gewürztraminer, Sauvignon und interessante Cuvées daraus. 70 Prozent vergären in modernen Stahltanks, Archivweine verschwinden zwölf bis 24 Monate im Eichenfass. Bei Weinprämierungen sind Pullus-Weine regelmäßig Anwärter für Platin- und Goldmedaillen. Und nicht nur das: die Kellerei ist auch größter Produzent des „Pelincovac". „Als Kind habe ich immer Kräuter für den Pelincovac gesammelt und an die Kellerei verkauft", erinnert sich Franc und nimmt bedächtig einen Schluck davon. Wir nippen ehrfürchtig an einem Sauvignon aus dem Jahr 2012, der zwölf Monate im Eichenfass lagerte. Trotz seines Alters ein herrlich fruchtiger Wein, trocken am Gaumen, der in Erinnerung bleibt. „Die slowenischen Winzer haben in den letzten Jahren viel gelernt", sagt auch der kellereigene Enologe Andrej, und „endlich sind die Zeiten der halbsüßen slowenischen Weine vorbei". ■

KOBAL WINES

Die Kunst des Weinmachens

Junge Weine im ältesten Haus von Ptuj/Pettau, der ältesten Stadt Sloweniens

DAS ÜBERSCHAUBARE WEINGEBIET Halože im Süden der Stadt, wo der Winzer und Enologe Bojan Kobal seine Reben auf 160 Hektar auspflanzt, war schon den Römern bekannt. „Vor 2000 Jahren hat man in Halože bereits Wein kultiviert. Stadt und Wein sind mit der römischen Kultur eng verbunden", sagt Kobal, der ganz entspannt in Jeans, kariertem Hemd und mit nassen Haaren in einem Sessel in der reduziert gestalteten Vinothek lehnt. Kein Wunder, wirtschaftliche Sorgen hat er keine mehr, sind doch seine Weine mittlerweile in den besten Restaurants gelistet und erzielen auch im Export Höchstpreise. 80 Prozent werden außerhalb Sloweniens getrunken – in China, Japan, den USA.

Prešernova ulica 4
2250 Ptuj
M. +386 41 348596
www.kobalwines.si

An der Seitenwand der Vinothek zieren verschiedene Flaschen, die Gold- und Silbermedaillen bei Messen und Weindegustationen in ganz Europa erreicht haben, ein Regal. An der großen Theke wird Wein in kleinen Dosen zum Kosten gereicht, die Kostbarkeit der edlen Tropfen von Chardonnay, Šivi Pinot oder dem Sparkling Blaufränkischen kann man schmecken. In einem großen Glas ist die Erde von Halože, in der die Reben wurzeln, Schicht um Schicht aufgetürmt – karger Mergel, Steine und viel Sonne, das schmeckt den Trauben und später dem Weintrinker.

„Die ganze Stadt Ptuj ist unterkellert, jedes Haus ist auf irgendeine Art mit dem Wein verbunden", erzählt er. In der Monarchie war die Südsteiermark verlässlicher Weinlieferant für den kaiserlichen Hof in Wien. Jahrelang war Kobal für den ältesten Weinkeller der Stadt (vinska klet) und den dort produzierten Pullus-Wein verantwortlich. In dieser Zeit haben die von ihm kreierten Weine rund 300 Auszeichnungen und 18 Champions eingeheimst. Erfahrung als Enologe sammeln durfte er auch dort, wo große Weine herkommen: in Australien und Neuseeland.

Seit einigen Jahren macht er sein eigenes Ding und ist sehr erfolgreich mit dem Verkauf von 120.000 Flaschen jährlich. Die Lorbeeren reicht er an das vergleichsweise winzige Weingebiet Halože weiter, das mit einem interessanten Mikroklima gesegnet ist. Es sei ein karger Boden, doch die Steine würden die Hitze der Sonne in der Nacht abgeben und so dem Wein Kraft und Ausdruck verleihen. 85 Prozent sind Weißweine wie Chardonnay, Sauvignon Blanc, Furmint, Pinot Blanc und Pinot Gris, der Rest Blaufränkisch und Merlot. Täglich geht er in den Weingarten, um nach den Reben zu sehen, zu schneiden, zu pflegen, zu kosten. „Wenn die Erde, das Klima, das Wetter passen und

die Beziehung zu den Trauben stimmt, kann man den idealen Wein kreieren", ist er überzeugt und bedauert zugleich, dass Weine heutzutage manchmal ihre Identität verloren hätten. „Viele Enologen wollen dem Wein ihren Charakter überstülpen, das macht ihn austauschbar."

Kobal lässt dem Wein seine Eigenheiten, das macht einen verständnisvollen Enologen aus. Pinot Gris müsse Pinot Gris bleiben und seine DNA hervorkehren, ohne die Variationen zu vernachlässigen. Den Rest machen Klima, Boden und die Kunst des Winemakers. „So lange der Wein ein Produkt der Natur ist, wird er jedes Jahr anders schmecken und das ist gut so", sagt Bojan. Er ist weit davon entfernt, den gleichen Style anzustreben. „Die Diversität würde leiden, wenn ich immer den gleichen Geschmack produzieren wollte." Vor allem der Sauvignon Blanc hat es ihm angetan. Es sei der Wein der zu Gegend, Klima, Essen, zur Mentalität der Menschen passe. „In einem heißen Jahr schmeckt er nach tropischen Früchten, wenn es kühl ist, nach Grapefruit und grünem Gras. Immer gut, aber immer anders." ■

MLIN KOROŠEC

Eine Mühle mit langer Tradition

Müller-Urgestein Vlado Korošec ist trotz seines Alters noch hoch aktiv.

Zabovci 42
2281 Marcovci
T. +386 2 7660021
www.mlin-korosec.si

AUS VLADO Korošecs blauen, wachen Augen blitzt der Stolz eines erfüllten Lebens. Dass er mit seinem Beruf als Müller dazu beitragen konnte, die Menschen satt und zufrieden zu machen, erfüllt ihn mit tiefer Genugtuung. Vlado ist Müller im 200 Jahre alten Familienbetrieb „Mlin Korošec" in Zabovci nahe Ptuj. Eine Mühle, die auch heute noch Tonnen wertvollen Getreides zu Mehlen verschiedener Sorten mahlt. „Ich bin seit 60 Jahren Müller", erklärt der 85-Jährige in makellosem Deutsch.

Vlado ist der älteste Müller Sloweniens und hat seinen Betrieb schon an die nächste Generation übergeben, doch ans Aufhören denkt er noch lange nicht. Am Abend nach der Arbeit zieht er seinen Anzug an und entspannt sich im Gasthaus Amadeus in Ptuj. Es gehört seiner Tochter Mira, der „Königin der Štruklji". Sie hat das beste Mehl zur Verfügung, um die slowenische Spezialität in vielen verschiedenen Varianten herzustellen. „Es kommt auf die Feinheit der Mahlung an, nur so können die Štruklji gut gelingen", kennt er das Küchengeheimnis. In Italien würde man „00" dazu sagen.

Vlado hat im Laufe seines Müllerlebens viele Veränderungen erlebt. Die alte Steinmühle wurde zu einer modernen, leistungsfähigen Mühle ausgebaut, die im Jahr viele Tausend Tonnen Körner zu feinem Mehl mahlt. „Früher vermahlten wir fast ausschließlich Weizen und etwas Roggen, heute kommen Dinkel, Kamut und Buchweizen dazu", erzählt er. Nicht nur er ist ein Fan des Buchweizen- oder Hadnmehls (Ajdova Moka), der leicht erdige Geschmack des glutenfreien Getreides kommt bei Gourmets gut an. Bei der Zunahme der Allergien und Unverträglichkeiten eine wahre Wohltat. Auch bei den alten Sarazenen gehörte das Hadnmehl schon zum fixen Bestandteil ihrer Ernährung.

Die Felder rund um Ptuj haben sich in der Blütezeit der Pflanze in zartes Rosa gehüllt, denn überall bemühen sich die Bauern, den Hadn (Ajdova) wieder zu kultivieren. Dazu gehört wohl auch, dass der etymologisch verwandte Mädchenname Ajda – einst fast ausgestorben – wieder sehr verbreitet ist. 5000 Tonnen Buchweizen werden in der Mlin Korošec pro Jahr vermahlen, 3000 Tonnen Weizen, 3000 Tonnen Roggen und 3000 Tonnen Mais. In Slowenien liebt man auch das gelbe Maisbrot. Vlados Mühle versorgt die Bevölkerung bereits seit 200 Jahren. 2016 hat das Müller-Urgestein eine Auszeichnung aus den Händen von Präsident Boris Pahor bekommen. In der Mühle arbeiten alle Familienmitglieder und elf Angestellte. Mehl wird

nicht nur in Slowenien ausgeliefert, sondern bis nach Wien und Graz, wo die feine Vermahlung und die unverfälschte Qualität sehr geschätzt werden.

Nicht immer ist es den Korošecs so gut gegangen wie heute. Nach dem Zweiten Weltkrieg wurde die Mühle enteignet. „1960 habe ich meine eigene Mühle wieder zurückgekauft, das muss man sich vorstellen. Ich habe hart dafür gearbeitet", so Vlado. Mit Österreich ist er eng verbunden. „Nirgends gibt es so hochwertigen Roggen wie bei euch. Ich kaufe ihn ausschließlich in Österreich." ■

SEHENSWÜRDIGKEITEN

PTUJ, DIE ÄLTESTE STADT

Ptuj/Pettau ist die älteste Stadt Sloweniens und die älteste des ehemaligen Herzogtums Steiermark. Über der Stadt an der Drau thront das alte Schloss mit seinen Ausstellungen und den wunderbaren Turkerien. www.ptuj.info

MARIBOR MIT PULSIERENDEM LEBEN

Auch über Maribor/Marburg thront eine beeindruckende Burg aus dem 15. Jahrhundert. Sehenswert: das Stadtzentrum mit dem Rathaus im Renaissancestil. Ein Spaziergang an der Draupromenade Lent, wo jedes Jahr ein Fest stattfindet, ist ein Erlebnis. www.maribor.si

HAUS DER ÄLTESTEN REBE

Vor dem Haus der „Alten Rebe" in Maribor, Gorkega ulica 1, wächst die angeblich weltweit älteste Weinrebe. Die Sorten Schwarzsamtene und Blauer Kölner sind mit mehr als 400 Jahren im „Guinness-Buch der Rekorde" verewigt. www.stara-trta.si

CELJE MIT ALTER BURG

Celje/Cilli ist die drittgrößte Stadt Sloweniens und vollgepackt mit Sehenswürdigkeiten. So zum Beispiel die Burg Cilli (13. Jahrhundert), der Fürstenhof der Grafen von Cilli, die Stadtmauer und der Wasserturm (15. Jahrhundert). www.celje.info

MURSKA SOBOTA MIT SCHLOSS

Die Kleinstadt wurde erst im Jahr 2006 zum Bischofssitz erhoben. Wie in fast jeder slowenischen Stadt hat auch Murska Sobota ein Schloss aufzubieten, außerdem mehrere Museen und einen tropischen Garten. www.sobotainfo.com

NATURDENKMÄLER

LJUTOMER AN DER MUR

Die Kleinstadt an der Mur bietet vor allem landschaftlich viele Besonderheiten. Eine davon ist eine Fahrt mit Tineks Fähre von einem zum anderen Murufer und zurück. www.obcinaljutomer.si

JERUZALEM IN DEN WEINBERGEN

Die kleine Ortschaft, neun Kilometer von Ormož entfernt, hat nur 31 Einwohner. Umrahmt wird der weindominierte Ort, eine Gründung der Kreuzritter, von Weinbergen. www.jeruzalem.si

PREKMURJE UND DIE KÜRBISKERNE

Das schwarzgrüne Kürbiskernöl ist eine der wichtigsten Ingredienzien der Prekmurje-Küche. Kürbisse wurden seit dem 18. Jahrhundert in dieser Region angebaut. In den zahlreichen bäuerlichen Pressen wird daraus Öl gewonnen. www.prekmurje.si

KOZJANSKI REGIONALPARK

Mit der Mischung aus Kulturlandschaft, zahlreichen Schlössern und der unberührten Natur ist er eine Attraktion für Besucher. Man kann die vielseitige Landschaft mit dem Rad oder zu Fuß erleben. www.kozjanski-park.si

DIE HÖHLE DES TEUFELS

In der Tropfsteinhöhle in der Region Savinjska wurden Artefakte von Neandertalern gefunden. Am Eingang der Höhle jagt noch heute ein Bildnis des Teufels (Pekel) den Menschen Angst ein. www.turizem-zalec.si

UNTERKÜNFTE

GRAND HOTEL PRIMUS

Das Thermalhotel, Pot v Toplice 9, ist die ideale Unterkunft für alle, die einen Besuch der Stadt Ptuj mit einem entspannenden Thermenurlaub verbinden wollen. www.sava-hotels-resorts.com, T. +386 2 7494500

HOTEL MITRA

Eines der ältesten Häuser von Ptuj, Prešernova ulica 6, wurde restauriert und modernisiert. Im angeschlossenen Kaffeehaus Kiperz braut man den besten Kaffee. www.hotel-mitra.si, T. +386 2 7877455

APARTMA MALA HIŠA

Nur ein hübsches Apartment für eine Familie passt in die Mala hiša (Muzejski trg 3). Es sind nur wenige Schritte ins Schloss und die Altstadt von Ptuj. www.gostilna-amadeus.si, T. +386 3 1877907

SONČNA HIŠA

Sehr geschmackvoll und luxuriös eingerichtet ist das „Sonnenhaus" in Veržej, Banovci 3, mit einem komfortablen Spa und reichhaltigem Frühstück. www.soncna-hisa.si, M. +386 40 272921

HOTEL CITY

Nette Zimmer mitten in der Stadt Marburg, Ulica kneza Koclja 22, und nur wenige Meter von der Drau entfernt. Es gibt ein Restaurant im Freien, einen Fitnessraum und einen Fahrradverleih. www.hotelcitymb.si, T. +386 2 2927000

URLAUB AM BAUERNHOF

TOURISMUSFARM ARBAJTER

*Nicht nur Kinder werden staunen, wenn sie die Mufflons im Gehege des Bauernhofes in Zreče, Skomarje 46, sehen. Die Spezialität des Hauses ist Lammfleisch.
www.arbajter.com, T. +386 3 5762390, M. +386 41 815697*

BAUERNHOF MARJANCA

Ein kinderfreundlicher Bauernhof, nur wenige Kilometer von Rogaška (Sp. Kostrivnica 5) entfernt. Er beherbergt auch ein kleines Wellnesscenter. www.tk-marjanca.net, T.+386 3 5814264

BAUERNHOF HLEBEC

In den Hügeln von Ormož fühlen sich nicht nur Weinliebhaber zu Hause. Die Nähe zu den Thermen Radenci und Moravci (Kog 108) ist angenehm. www.turisticnekmetje.si/hlebec, T. +386 2 7137060

DOMAČIJA FIRBAS

*Von hier winden sich Radwege und Straßen durch Naturlandschaften mit heißen Quellen. Auf der Farm in Cogetinci 60, 2236 Cerkvenjak, werden Hasen, Hühner und Schafe gehalten.
www.firbas.com, T. +386 2 7035090*

BAUERNHOF FRANK-OZMEC

*Der Hof steht am Beginn der Jeruzalem-Ormoz-Weinstraße. Ljutomer, Slamnjak 33, ist ein idealer Standort, um feine Weine zu entdecken.
www.frank-ozmec.com, T. +386 2 5849666*

SPORTEINRICHTUNGEN

GOLF MORAVSKE TOPLICE

Von der Therme auf den Golfplatz, das kann man in Moravske Toplice. Aufsehenerregend ist das neunte Loch mit seinen 600 Metern Länge. www.terme3000.si

SKIGEBIET POHORJE

Man glaubt es kaum, aber das Skigebiet Pohorje nahe Maribor ist das größte Skigebiet Sloweniens mit zahlreichen Liften, Hotels und Pensionen. www.maribor-pohorje.si

ZLATI GRIČ GOLF

Landschaftlich einzigartiger Golfplatz, mitten in den Weinbergen bei Slovenske Konijce gelegen. Der Golfkurs ist anspruchsvoll und für fortgeschrittene Golfspieler geeignet. www.zlati-gric.si

RAFTING AUF DER DRAU

Früher war die Drau wichtiger Transportweg für die Holzwirtschaft, heute ist sie vor allem ein Fluss der Freizeitvergnügen. Der Tourismusverband organisiert Raftingtouren. www.td-maribor.com

RADFAHREN, DER DRAU ENTLANG

Radeln entlang der Drau vom Ursprung bis nach Osttirol oder bei Marburg auf den Höhenweg nach Ormoz abzweigen und den Weinradweg probieren. www.ormoz.net

THERMEN

THERME MORAVSKE TOPLICE

Hier taucht man in die wohltuenden Quellen des schwarzen Thermomineralwassers im großen Wasserpark der Therme 3000 ein. www.sava-hotels.resorts.com

THERME RADENCI

Radenci kann schon seit 1882 Kurgäste begrüßen. Die lange Kurerfahrung und das heilende Wasser mit natürlichen Kohlensäure- sowie Fangobehandlungen bewähren sich. www.radenci.si

THERME PTUJ

Die wohltuende Wirkung des Thermalwassers in Ptuj entfaltet sich beim Schwimmen in der Wasserlandschaft des Thermenparks und der komfortablen Hotels. www.terme-ptuj.si

THERME LENDAVA

Die Therme ist ein Labsal. Dafür bürgen Thermal-, Olympia- und Kinderbecken mit Wasserrutschen. Paraffinhaltiges Wasser gegen Rheuma. www.terme-lendava.si

THERME ROGAŠKA SLATINA

Die Therme hat das magnesiumreichste Mineralwasser der ganzen Welt. Die verdauungsfördernden und heilenden Trinkkuren gegen allerlei Krankheiten sind legendär. www.rogaska.si/de

WEINGÜTER

WEINGUT FRANCI KOGL

Weinverkostungen bei Kogl in Ormož, Velika Nedelja 23, sind ein Erlebnis. Hier kauft man Weine zu moderaten Preisen. Sie tragen so originelle Namen wie Mea Culpa. www.kogl.net, T. +386 2 7136060

WEINKELLER PUKLAVEC FAMILY WINES

*Die erfrischenden Weine aus der Steiermark werden bei Puklavec Family Wines in Ormož, Kolodvorska 11, mit Leidenschaft gekeltert. Das Resultat: gut ausbalancierte Weine.
www.jeruzalem-ormoz.com, T. +386 2 7415700*

GAUBE MITTEN IM GRÜNEN

*Das 1857 gegründete Weingut in Zgorna Kungota, Spicnik 17, liegt idyllisch im Grünen. Spezialist für hervorragende Weißweine.
www.vino-gaube.si, M. +386 41 747151*

CONRAD FÜRST & SÖHNE

*Das Weingut in Ptuj (Krempljeva ulica 1) knüpft an eine alte Familientradition. Der südsteirische Winzer Alois Gross und Gerhard Conrad Fürst vereinten 2007 ihre Weingärten.
www.conrad-fuerst.si, T. +386 51 385779, M. +43 699 10088057*

WEISSE KOBAL-WEINE

*Die Weißweine, die auf den Sonnenhängen von Halože wachsen, gehören zu den besten Sloweniens. Erhältlich im ältesten Haus von Ptuj in der Prešernova ulica 4.
www.kobalwines.si, T. +386 6 8178259, M. +386 41 348596*

KULINARISCHE FESTE

SLADOLENT IN MARBURG

Das Festival Lent Anfang Juni in Maribor am Ufer der Drau ist das Größte Europas: Jazz, Folklore, Straßentheater, Konzerte und das Festival der slowenischen Küche SladoLent. www.festival-lent.si

FESTIVAL DER ALTEN REBE

Das „Festival der Alten Rebe" findet Ende September in Maribor statt. Dort werden der älteste Rebstock und der junge, abgeerntete Wein der Region ausgiebig gefeiert. www.maribor-pohorje.si

MARTINSFESTE ÜBERALL

Rund um den Martinstag (11. November) wird der junge Wein getauft. In ganz Slowenien wird an diesem Tag gefeiert. Besonders in Lendava, in Ptuj und in Maribor. www.slovenia.info/geschichten

BOGRAČ-FEST IN LENDAVA

Hier findet im August auf der Hauptstraße von Lendava der größte Wettbewerb im Zubereiten der traditionellen Winzerspeise Bograč statt. Dazu gibt es Wein und vieles mehr. www.lendava.si

POESIE UND WEIN IN PTUJ

Ende August widmet sich die Stadt Ptuj dem Wein und der Poesie. Auf verschiedenen Plätzen kann man Lesungen von jungen Poeten lauschen und Weine verkosten. www.versoteque.com

GESCHÄFTE

KODILA

Das Delikatessengeschäft in Musska Sobota, Markišavci 44, hat sich auf die Produktion des Prekmurje-Schinkens spezialisiert. www.kodila.si, T. +386 2 5223600

LUCIFER SCHOKOLADE

*Lucifer-Schokolade, Pralinen und Süßigkeiten aus Velenje sind sündiger Genuss. Die Schokolade in hübschen Verpackungen eignet sich auch als Geschenk.
www.lucifer.chocolate.si, T. +386 5 883080*

SCHOKOLADENMANUFAKTUR OLIMJE

*Die Schokoladentradition in der Manufaktur reicht bis ins 19. Jahrhundert zurück. Alles wird in Handarbeit hergestellt. Filialen in Olimje, Novo Mesto, Maribor und Celje.
www.cokoladnica-olimje.si, T. +386 3 8109036*

VINOTHEK JERUZALEM

Die Vinothek in Jeruzalem 8, Ljutomer, hat die Erzeugnisse von mehr als 30 Weinbauern auf Lager. Das sind rund 130 Weinsorten, typisch für die Gegend. www.jeruzalem.si, T. +386 2 5811105

KIPERTZ KAFFEE

*Die Geschichte der Kaffeeerzeugung im Hotel Mitra in Ptuj, Prešernova ulica 6, geht auf den Kaffeeröster und Händler Josef Kipertz zurück.
www.hotel-mitra.si, T+386 2 7877455*

TYPISCHE SPEISEN

OCVIRKOVE POGAČICE (GRAMMELKÜCHLEIN)

Die kleinen Grammelküchlein werden auch „Fonke" genannt und sind eine weit verbreitete Speise oder Beilage in Prekmurje. Sie passen gut zum Wein.

REPNI RETAŠ (RÜBENSTRUDEL)

Ein typisches Weihnachtsgericht. Der gezogene Strudelteig wird mit einer Fülle aus weißen Rüben und allerlei Gewürzen versehen. Kann auch aus Hefeteig gemacht werden.

KOZJANSKI KRAPI (GEFÜLLTE BUCHWEIZENKRAPFEN)

In einen Buchweizenteig wird Hirse gefüllt, dann alles verschlossen und in Salzwasser gegart. Anschließend werden sie mit Grammelschmalz und/oder Rahm abgeschmalzen.

HALOŠKA GOBONCA (GEBÄCK AUS HALOŽE)

Eine der unzähligen Gibanica-Sorten aus dem Nordosten und Osten Sloweniens. Die Gibanica aus Haloze ist ein salziger oder süßer Germkuchen, der mit Topfen, Eigelb und Sauerrahm gefüllt ist.

KOREJEVEC (RÜBENSUPPE)

Ein Gemüseeintopf oder eine dicke Suppe, worin weiße, gelbe oder rote Rüben, Gemüse und manchmal Selchfleisch dominieren.

SÜD-SLOWENIEN

Von blauem Meer und klaren Flüssen

In dieser von Sonne und Wärme bevorzugten Region reifen üppig Oliven, Wein, Obst und Gemüse. Die Adria verwöhnt mit mediterranem Flair und schmackhafter Meeresküche. Burgen, Schlösser, Thermen und klare Flüsse in einer Landschaft, die zum Genießen geschaffen ist.

MEDITERRANE ROUTE

Vorschlag für eine zweitägige Rundreise im Süden Sloweniens

1. TAG

- *Rundgang in Piran*
- *Mittagessen bei Pavel in Piran*
- *Besichtigung der Aquakultur Fonda*
- *Fischessen bei Tomi in Portorož*
- *Übernachten im Boutiquehotel Marita in Portorož*

2. TAG

- *Spaziergang im Hafenstädtchen Izola.*
  Mittagessen in der Hiša Torkla
- *Fahrt nach Postojna und geführte Besichtigung der Grotte*

GOSTILNA TOMI

moderne mediterrane Küche | Gastgarten/Terrasse | Zimmer

Das Meer deckt den Tisch

WENN MAN SO NAH ANS MEER rückt wie die Gostilna Tomi in Portorož, bleibt einem eigentlich nichts anderes übrig, als sich an den kulinarischen Offerten des Meeres zu bedienen. Schon beim Betreten des Lokals ist der mediterrane Geschmack spürbar. Man sitzt entspannt auf der Terrasse und blickt auf säuselnde Wellen in Azurblau. Schon einmal ein guter Anfang.

Küchenchef Filip Matjaž ist zwar sehr jung, doch seine Gerichte zeigen die große Erfahrung im Umgang mit dem köstlichen Meeresgetier. Er ist Mitglied der Jeunes Restaurateurs, ein Zeichen für Qualität und Kreativität. Bei Tomi gibt es auch vegetarische Gerichte oder ein paar Fleischoptionen für jene, die Meerestiere partout ablehnen. Herrlich mürb der Oktopus aus der Pfanne und nicht minder köstlich der Oktopussalat. Im mediterranen Risotto, das auf den Punkt gegart ist, tummeln sich viele frische Meerestiere, allerlei Muscheln und Miniscampi. Den Fang des Tages bekommt man auf vielerlei Arten zubereitet.

Bei Tomi fühlen sich auch Familien und größere Gruppen von Freunden wohl. Die Fischplatten sind so umfangreich, dass man sie gut und gerne teilen kann. Für Feinschmecker, die sich durch das Meeresangebot kosten wollen, empfiehlt sich das Überraschungsmenü in vier Gängen, gut gekühlter istrischer Wein dazu ist ein Muss. Das Preis-Leistungs-Verhältnis ist für den Ferienort Portorož durchaus in Ordnung. ■

Letoviška I
6320 Portorož
T. +386 5 6740222,
M. +386 41 739 996
www.hotel-tomi.eu,
tomi@siol.net

Öffnungszeiten: Montag bis Sonntag 11:30 bis 23:30 Uhr

GOSTIŠČE RIBIČ

mediterrane Küche | Terrasse

Einkehren beim Fischer Ribič

WENN MAN RIBIČ heißt, was auf Slowenisch „Fischer" bedeutet, muss man seinem Namen alle Ehre machen. Den Ribič kannte man schon, als gut essen in Istrien noch nicht zum Volkssport gehörte, denn nicht nur die Fischküche ist ausgezeichnet, auch der Platz verdient mehrere Sterne. Ein stimmiger Gastgarten mit knorrigen Olivenbäumen, einfache Tische mit karierten Tischtüchern, ein verklärter Blick auf Salinen und das in der Ferne schimmernde Meer. Dort bezieht der Fischer sein Rohmaterial, das er, durch lange Tradition erlernt, aufs Feinste zubereitet.

Die Küche ist vom nahen Italien inspiriert. Bruschetta mit Fischmousse, gegrillte Calamari mit Kartoffeln und Mangold, Oktopus aus dem Rohr, Thunfisch mit Ziegenkäse und Honig und vieles mehr stehen zur Auswahl. Muscheln und Scampi sind auch immer eine feine Sache. Orate, Branzini, Rombi landen entweder mit Kartoffeln und Tomaten oder unter einem Salzberg vergraben im Ofen. Verschiedene Strudel je nach Saison, der slowenische Schichtkuchen Gibanica oder Tiramisu empfehlen sich als Dessert. Der süffige istrische Wein verleitet zum längeren Verbleib beim Fischer Ribič, was sicher kein Fehler ist. Danach könnte man einen Besuch bei der Fischzucht Irena Fonda einlegen, um zu erfahren, wo die Branzini ihre Heimstätte haben. ■

Seča 143
6320 Portorož
T. +386 5 6770790
www.ribic.business.site

Öffnungszeiten: Donnerstag bis Montag 12 bis 24 Uhr, Dienstag und Mittwoch Ruhetage

ISTRIAN BISTRO & TAPAS BAR

schnelle mediterrane Küche | Terrasse

Auf die Schnelle

Obala 35
6320 Portorož
T. +386 5 6925010
www.lifeclass.net/de/kulinarik/restaurants/istrian-bistro-tapas-bar/

Öffnungszeiten: Montag bis Sonntag 12 bis 21 Uhr

HIER KOMMT MAN vorbei, wenn man zur Abwechslung schnell und trotzdem ordentlich essen möchte. Kein mehrgängiges Menü, sondern ein gut geratenes Tellergericht auf die Schnelle. Die Fischvorspeisen aus marinierten Sardinen, Bakkala, Fischröllchen, fischigem Fingerfood, Carpaccio, Tartare und vielem mehr bezeichnet man auch als „istrische Tapas". Ein schönes, innen rosa gegrilltes Stück Thunfisch oder ein mürber Oktopusschwanz auf Avocadoschaum ist das Richtige für Zwischendurch.

Manchmal kann man sich ja auch für einen Burger begeistern, der hier in verschiedenen Variationen zubereitet wird. Oder doch lieber die Tagliatelle mit Trüffelcreme und großzügig darüber geraspelten istrischen Trüffeln? Nur Salatfans sollten sich über die Riesenportionen eines wilden Salatmischmaschs wagen. Früchte, Paprika, Tomaten, Salat, Schafskäse bunt durcheinandergewürfelt sind fast zu viel des Guten. Man könnte aber auch nur ein Glaserl vom vielfältigen Weinangebot probieren. Die Auswahl ist groß und exquisit. Im modernen Style des Lokals lässt sich eine durchaus angenehme Zeit verbringen. ■

RESTAVRACIJA SOPHIA KEMPINSKI PALACE

Obala 45, 6320 Portorož
T. +386 5 6927000, www.kempinski.com
reservations.portoroz@kempinski.com

Öffnungszeiten: Mittwoch bis Sonntag 19 bis 23 Uhr, Montag und Dienstag Ruhetage.

Das elegante Restaurant im Palace Hotel wurde nach der italienischen Diva Sophia Loren benannt. Hier ist Fine Dining im mediterranen Stil angesagt.

RESTAVRACIJA RIZIBIZI

moderne Fischküche | Terrasse

Alles, was Fisch ist

WOW, DAS IST EINE AUSSICHT! Der Blick von der Terrasse schweift über Pinien, Palmen, Oleander bis hin zur blauen Adria. In dem Steinhaus im istrischen Stil am Hang oberhalb des Hotel Bernardin könnte man stundenlang sitzen und schauen. In dieser Stimmung schmeckt das mediterrane Essen besonders gut. Fein, dass das Restaurant „Reis mit Erbsen" (Rizibizi) den ganzen Tag Küche bietet, so kann man sich eine ruhige Zeit am Nachmittag gönnen, wenn die meisten Gäste auf den Stränden von Piran und Portorož entspannen.

Wir kamen im Herbst zur Trüffelzeit, wenn überall in Istrien empfindliche Hundenasen im Erdreich der Wälder wühlen und nach dem schwarzen Gold graben. Sie werden auch im Rizibizi über Eier, Tagliatelle oder hausgemachte Fuži geraffelt, über das dicke Steak werden sie gehobelt.

Im Frühjahr regiert hingegen der wilde Spargel die Küche. Sehr fein die Spargelsuppe mit würzigem Höhlenkäse. Alles, was Fisch ist, beherrscht die Küche so nah an der Adria. Der Branzino von Irena Fonda aus Piran ist wunderbar zart und wird begleitet von schmalen Spargelstangen, die nicht dicker sind als Spaghetti Nummer 5. Schön frisch ist der Sommersalat mit Hummer und Nektarinen. Zum Primo könnte man sich Spaghetti mit Adria-Scampi gönnen. Als köstliche Pyramide entpuppt sich das Dessert: Millefoglie mit frischen Erdbeeren, einer fluffigen Erdbeercreme und knusprigem Blätterteig. ■

Vilfanova 10
6320 Portorož
T. +386 5 9935320
M. +386 40 240554
www.rizibizi.si
info@rizibizi.si
Öffnungszeiten: täglich von 12 bis 23 Uhr

RESTAVRACIJA PAVEL

mediterrane Küche | Terrasse

Näher am Meer geht nicht

DAS MEER ist zum Greifen nahe, man riecht das Salz, spürt die seidene Luft und genießt die milde Sonne im freundlichen Familienrestaurant am Logenplatz am Meer. Die Liste der Meerestiere, die in der Küche zubereitet werden, ist lang: Fische je nach Jahreszeit von Branzino bis Rombo, Hummer, Languste, Scampi, Muscheln, Capesante, Messermuscheln, Meeresspinne und vieles mehr.

Hier schwelgt man im Fischvergnügen, während die wunderbare Aussicht viel Kurzweil bietet. Doch dann kommen die Köstlichkeiten – ein Gang nach dem anderen. Einsteigen könnte man mit Rohschinken und Melone aus Istrien, dann würde sich eine Pasta alla Marinara oder schön gegrillte Capesante anbieten oder gleich eine warme Fischvorspeise mit allem Drum und Dran. Natürlich gibt es auch Fuži mit Trüffel, vielleicht als Zwischengang, doch dann sollte man die Fischplatte nicht versäumen. Sie bietet alles, was die Meerestiefe an Köstlichkeiten bereithält.

Natürlich kauft Liliana den biologischen Wolfsbarsch mit der Marke in den Kiemen bei Nachbarin Irena Fonda. Wie man ihn haben möchte? Gegrillt, im Salzmantel oder mit kleinen Kartoffeln und Kirschtomaten im Rohr gebraten? Wenn ich schon auswählen kann, dann bitte „Branzino im Salzmantel". Die Scampi sind hier riesig und schön gebräunt. Auf istrische Art werden sie mit Mangold und Salzkartoffeln serviert. Zum Schluss bleibt gerade noch Platz für einen Schluck Kaffee und vielleicht noch ein Zitronensorbetto zum Entknoten der Magennerven, dann geht es ab auf Besichtigungstour durch das hübsche Städtchen Piran. Ohne Auto, versteht sich. ■

Prešernovo nabrežje 4
6330 Piran
T. +386 5 6747102
www.pavelpiran.com
pavel.piran@siol.net

Öffnungszeiten: täglich
11 bis 23 Uhr

STARA GOSTILNA

Savudrijska ulica 2, 6330 Piran
T. +386 40 777979, www.stara-gostilna.com

Öffnungszeiten: täglich von 12 bis 15 Uhr und von 18 bis 24 Uhr. Die Öffnungszeiten können im Sommer abweichen.

Eines der ältesten Restaurants der Stadt im modernen Design. Küchenchef Gradimir Dimitrič versteht sich nicht nur auf Fischküche, sondern auch auf exzellente Steaks.

GOSTILNA PRI MARI

Dantejeva ulica 17, 6330 Piran
M. +386 41 616488
www.primari-piran.com, pri-mari@siol.net

Öffnungszeiten: Dienstag bis Sonntag 12 bis 16 Uhr, 18 bis 22 Uhr. Montag Ruhetag. Von November bis März 12 bis 16 Uhr

Ein nettes Lokal, in dem gleich Urlaubsfeeling aufkommt. Fisch und Meeresfrüchte stehen im Mittelpunkt, aber auch Pasta, Suppen und Gnocchi sind mit viel Hingabe zubereitet.

HIŠA TORKLA

istrische Küche | Gastgarten

Torkeln ist nicht verboten

Korte 44b
6310 Izola
T. +386 5 6209657
www.hisa-torkla.si
info@hisa-torkla.si
Öffnungszeiten: Mittwoch bis Sonntag 12 bis 22 Uhr, Montag und Dienstag Ruhetage

DIE HIŠA TORKLA verheißt schon das nahe Meer. Das istrische Steinhaus im alten Stil mit erstklassiger Aussicht auf Weinreben ist ein romantischer Rückzugsort von der nahen Urlaubermetropole Portorož. Wenn man genug hat vom Wirbel und den vielen Touristen: Die Torkla mit dem herrlichen Garten, dem stilvollen Ambiente, der gigantischen Glasfassade, die bei schönem Wetter geöffnet wird, und dem istrisch-modernen Essen empfiehlt sich wärmstens für eine Touristenauszeit.

Wer glaubt, dass es im Hinterland nur für (allerdings ausgezeichnete) Grillspezialitäten reicht, irrt. Die Degustationsmenüs von Sebastijan sind ein Rundgang durch eine sehr einfallsreiche Küche, die im Frühjahr Gemüse- und Pastagerichte bereithält und im Herbst auf die Trüffel der Region zurückgreift. Ohne Trüffel geht hier gar nichts. Sie werden großzügig über Pasta, Steaks, Carpaccio und Eierspeise geraspelt. Auf diesen Gerichten schmecken sie erfahrungsgemäß am besten. Das weiß das Torkla-Team genau. Obwohl, sie haben sich auch auf einer mit Feigenmarmelade gefüllten Palatschinke gut gemacht.

Das Barbecue am Schaugrill ist nicht nur eine Show für die Gäste, der Grillmeister versteht etwas von seinem Geschäft. Auch mit der Peka kennt er sich aus, das Fleisch wird darin superzart. Das zentimeterdicke Steak ist bestens gebraten, außen kross, innen rosa. Bei Wein und hausgebranntem Grappa wird einem warm ums Herz. Wenn man nach dem ausgiebigen Genuss des herben istrischen Weins von dannen torkelt, wird großzügig ein Auge zugedrückt. ■

RESTAVRACIJA HOTEL MARINA
Veliki Trg 11, 6310 Izola
T. +386 5 6604410, M. +386 41 605333
www.hotelmarina.si, restavracija@hotelmarina.si
Öffnungszeiten: Täglich geöffnet von 12 bis 22 Uhr, im Winter können die Öffnungszeiten abweichen.

Lange Tradition in Sachen Fisch und Meeresfrüchte. Küchenchef Ivica Evačič agiert nach dem Motto: „Vom Meer auf den Teller.“ Auch die Pasta mit allerlei köstlichen Saucen ist hausgemacht.

OKUŠ

mediterrane Fischküche | Terrasse

Ein Paar mit Geschmack

JAN AIGNER und Andrea Gredisnjak lieben gutes Essen und Getränke, um ihren Gästen „ein Lächeln auf die Lippen zu zaubern". Ihr stylisches Restaurant in Koper heißt Okuš, was so viel wie „Geschmack" bedeutet. Geschmack beweist Jan bei der Zubereitung der Speisen, der Einrichtung seines Lokals in Koper und dem Auffinden besonderer Produkte. Ob frische Parasole, schwarze oder weiße Trüffel aus den istrischen Wäldern, Artischocken, Meeresfrüchte, Fische, wertvolles Olivenöl oder ein besonderer Käse: Jan geht immer der Nase nach. Das sollte man auch tun, um das Lokal, das ziemlich abgelegen liegt, zu finden. Besser, man lässt das Navi suchen.

Während Jan in der Küche vom schnellen Lunch bis zum mehrgängigen Menü seine Kreativität spielen lässt, hat Andrea den Service mit besonderer Liebenswürdigkeit im Griff. Auch wenn man nur einen feinen Kaffee bevorzugt, wird man freundlich bedient. Es lohnt sich aber, Jans Kochkünste ausgiebiger zu testen. Einfach und genial: selbst gebackenes, warmes Brot mit exzellentem Olivenöl als Entree. Dann geht es weiter mit einem Carpaccio vom Branzino mit Frischkäse. Die Orata ist mit Tomatenstückchen und Crevetten gefüllt. Auch das Roastbeef kann sich sehen lassen, vor allem mit einem Kartoffelpüree als cremige Begleitung. Jan Aigner ist auch immer gern eingeladener Gastkoch bei kulinarischen Veranstaltungen in Kärnten, wo er Adria-Touch verbreitet. ■

Kolodvorska cesta 2
6000 Koper
T. +386 31 642647
www.restavracija-okus.com
info@restavracija-okus.com
Öffnungszeiten: Dienstag bis Samstag 18 bis 22 Uhr, Sonntag, Montag Ruhetage. Im Sommer können die Öffnungszeiten variieren.

RESTAVRACIJA UND CAFÉ CAPRA

Pristaniška ulica 3, 6000 Koper
M. +386 41 602030, www.capra.si, info@capra.si
Öffnungszeiten: Sonntag bis Donnerstag 9 bis 22 Uhr, Freitag bis Samstag 9 bis 23 Uhr

Nettes, kleines Lokal mit schmackhafter Mittelmeerküche. Auf der Sonnenterrasse könnte man den ganzen Tag verweilen.

GOSTILNA ZA GRADOM

klassisch-traditionelle Küche | Terrasse

Hört auf Darkos Empfehlung

DARKO und Sonja Rodica führen das Lokal seit über 20 Jahren und sind ihrem Credo treu geblieben, nur gute Qualität abzuliefern. Wer Koper von oben betrachten will, für den ist die Burg eine gute Adresse. Nicht gerade einfach zu finden, doch die Küche ist die Suche wert. Außerdem gibt es heute intelligente Navis, die auch die entlegenste Gostilna aufspüren.

Die Karte sollte man getrost ignorieren, Darko mit seinem Sprachmix aus Englisch, Italienisch und Deutsch erklärt, was gerade frisch in der Küche eingelangt ist – und das sollte man auch bestellen. Wenn immer Darko Zeit hat, sucht er die Beute auf den Fischmärkten zwischen Koper und Piran aus, Sonja wartet schon darauf, das Meeresgetier ohne Schnörkel zu verarbeiten. Dabei ist sie sehr erfinderisch und kombiniert Aromen, die nicht selbstverständlich sind. Zum Beispiel ein Carpaccio von der Seebrasse mit Sommertrüffel aus Istrien. Crudi (rohe Fischvariationen) sind ohnehin die Spezialität des Hauses. Sei es ein grob gehacktes Tunfischtartar mit grüner Tomatenmarmelade, rohe Scampi nur mit gutem Olivenöl und Zitrone mariniert oder eine Grancevola (Meeresspinne). Ravioli mit Flusskrebsfülle sowie der Fang des Tages unter einem Berg von Salz gegart sind feine Köstlichkeiten. Die Salzfelder von Piran sind nicht weit, so können die Rodicas auch die beste Qualität des groben Salzes bekommen.

Gut mit slowenischen Weinen bestückt ist Darkos Weinkeller. Er findet immer den passenden Wein zu den Fischgerichten. Zu guter Letzt bietet sich je nach Jahreszeit ein Obststrudel oder eine flaumige Zitronencreme an. Und dann ein Schlückchen vom starken Espresso zu den himmlisch süßen Nuss-Štruklji– und die Welt ober Koper ist schwer in Ordnung. ■

Kraljeva ulica 10
6000 Koper
T. +386 5 6285505,
M.+386 31 309 650
www.zagradom.com
info@zagradom.com

Öffnungszeiten: Dienstag bis Samstag von 12 bis 16 Uhr und von 18 bis 22 Uhr, Sonntag und Montag Ruhetage

DOMAČIJA BUTUL

traditionelle Küche | große Terrasse | Zimmer

Kulinarik mitten im Grünen

TATJANA BUTUL hat es eilig. Sie hat ein veganes, selbst kreiertes Gericht vorbereitet, das sie an diesem Tag in Izola kredenzen wird. „Das kann jeder essen, auch wenn er Unverträglichkeiten hat", ist sie überzeugt. Ganz Izola steht im Bann des „Orange-Wine-Festivals", wo sich alles um den merzerisierten Wein mit seiner typischen, orangen Farbe dreht. Auch die Butuls produzieren ihren Malvazia in Orange und lassen davon kosten.

Der Wein in der einfachen Flasche, der Blick von der Terrasse in den gepflegten Garten, Spaghetti mit einer aromatischen Tomatensauce, die interessanten Erzählungen der Familie Butul – das alles lässt den Stress wegschmelzen wie Eis in der Sonne. Apropos Sonne: Hier mit Blick aufs nahe Meer scheint sie verschwenderisch und lässt Malvasia, Trauben, Feigen und mediterrane Kräuter sprießen und gedeihen. Diese Kräuter, von Rosmarin, über Lavendel, Salbei und vieles mehr, sind es auch, mit denen Tatjana ihre Gerichte würzt und verfeinert. Rosmarin schmort im Rohr mit den Kalbshaxen, Salbei mischt mit, wenn dicke Würste und Koteletts am Grill verführerischen Duft verbreiten. Wilder Fenchel würzt den Käse.

Nur wenige Meter weiter kümmert sich ein Imkerpaar um die Bienen, die munter in den blauen Himmel surren. Hier naschen sie an Akazien-, Kastanien- und Lindenblüten, kosten bei vielen Blumen und im nahen Wald. Im Sommer bietet das Paar eine Honigmassage nach Bestellung an. Sie soll nicht nur wohltuend sein, sondern auch Krankheiten vertreiben. In so einem Umfeld wächst die Kreativität. „Butul junior" arbeitet als kommender Starkoch in einem stylischen Restaurant in Laibach. Diesmal ist er gerade auf Besuch bei Papa und Mama und übernimmt abends den Grill für die Hausgäste. Für einen langen Abend mit viel Malvasia ist gesorgt. ■

GOSTILNA ŽOLNIR

Krška cesta 4, 8311 Kostanjevica na Krki
T. +386 7 4987133
www.zolnir.eu, svevsek.simona@siol.net

Öffnungszeiten: täglich 7 bis 22 Uhr

Authentisches Gasthaus mit slowenischer Hausmannskost. Zum Beispiel Blutwurst mit Kraut oder Rüben. Dazu gibt es eine große Auswahl des regionstypischen Cviček.

Manzan 10d
6000 Koper
T. +386 3 11777,
M. +386 41 718219
www.butul.net,
tatjana.butul@gmail.com

Öffnungszeiten: nach Vereinbarung, für Urlauber täglich ein Menü

GRAD OTOČEC

gehobene Küche | Zimmer | Gastgarten

Das Schlossrestaurant am Fluss

Grajska cesta 2
8222 Otočec
T. +386 7 3075627
www.grad-otocec.com

Öffnungszeiten: täglich
von 7 bis 22 Uhr

CHEFKOCH Amel Balagič ist ein fantasievoller Küchenchef, der auf ausgefallene Kreationen Wert legt. Immerhin gehört das romantische Schlossrestaurant zur internationalen Hotelvereinigung Relais & Chateau, und da sind die Erwartungen groß, die an Amel und sein Küchenteam gestellt werden. Vor allem im Sommer fühlt man sich im Schlosshof unter den ausladenden weißen Schirmen wie im kulinarischen Paradies. Die Luft ist wie Seide, die Kellner sind zuvorkommend und der Wein glitzert im Glas. Beste Voraussetzungen für einen entspannten Tag.

Die Menüs variieren je nach Saison, werden aber immer mit frischen, regionalen Zutaten komponiert. Zum Beispiel wird die Maiscremesuppe mit Buchweizen-Popcorn garniert und das Rotweingelée zum Apfelsorbet wird aus dem lokalen Cviček-Wein gemacht. Herrlich ist die Créme brulée von der Gänseleber und frisch das Thunfischtartare zur Avocadocreme. Im Sommer glüht der große Grill auf Hochtouren. Rippchen vom iberischen Schwein, Lamm, Steaks bekommen durch die Holzkohle ein feines Aroma. Zum Schluss erfreut ein Cognacparfait mit karamellisierten Nüssen.

Das Schloss, angeblich erbaut im Jahre 1200, befindet sich mitten auf einer kleinen Insel im smaragdgrünen Fluss Krka. In den alten Gemäuern wurden geschmackvolle, luxuriöse Zimmer eingerichtet, ideal, um ein paar Tage Romantik zu tanken. Zum Ausgleich lässt sich eine Golfrunde oder ein Besuch in den nahen Thermen einlegen. ■

GOSTILNA JAVORNIK

moderne slowenische Küche | Terrasse

Gutes aus dem Holzofen

Rakovnik 6
8232 Šentrupert
T. +386 7 34 34 534,
M. +386 41 372876
www.javornik.com
gostilna.javornik@siol.net

Öffnungszeiten: Mittwoch, Donnerstag 10 bis 22 Uhr, Freitag, Samstag 10 bis 2 Uhr, Sonntag 12 bis 22 Uhr. Montag und Dienstag Ruhetage

ES KOMMT IMMER auf die inneren Werte an. Auch bei Gasthäusern. Daher sollte man sich vom äußeren Erscheinungsbild einer Gostilna nie abschrecken lassen. Die Gostilna Javornik sieht wie ein biederes Gasthaus aus, aber was dort aus der Küche kommt, ist stilvoll und vom Feinsten.

Goran Pevec ist der Chef der jungen Küchencrew. Als er das Gasthaus von seinen Eltern übernahm, „erbte" er auch den großen Holzofen. Früher war so ein Ofen das Zentrum eines typisch slowenischen Gasthauses. Er wärmte nicht nur die Stuben, man konnte darin vom Sonntagsbraten über das Brot bis zu Kuchen und Štruklji alles backen, garen und braten. Goran beweist, dass sogar der Tintenfisch mit Gemüse darin butterweich und aromatisch wird. Diese wunderbare Tradition – im Holzofen Gegartes hat einen besonderen Geschmack – lässt Goran zur Freude seiner Gäste wieder aufleben.

Pevec, der in vierter Generation am Werk ist, ist zum Glück sehr in der slowenischen Küchentradition verhaftet. Viele seiner Gerichte wie Suppen, Nudelgerichte, Braten und Eintopf werden in urigen Tontöpfen serviert, in denen sie auch gekocht werden. Besonders weich und mürb gelang der Tintenfisch, der auf der Zunge zerging. Weil Javornik mitten in der Cviček-Gegend angesiedelt ist, sollte man die Gerichte mit dem leichten Wein begleiten. Natürlich gibt es dort Weine aus ganz Slowenien, doch meist passen die lokalen Tropfen am besten. ■

GOSTILNA PRI KUKLJU

typische slowenische Küche

Das Haus der feinen Potice

AUF DEM WEG von Laibach in Richtung Ribnica und Kočevje befindet sich dieses sympathische Gasthaus. Die Speisen sind ausgezeichnet und reichhaltig, aber die absolute Besonderheit in dieser Gostilna sind die Backwaren. Angeschlossen sind nämlich eine Bäckerei und Konditorei, wo mannigfaltige slowenische Spezialitäten hergestellt werden. Feine Brote aus verschiedenen Mehlen (Buchweizen, Roggen, Weizen), gefüllt mit Rosinen, Nüssen oder Oliven. Wunderbar auch die Spezialität des Landes, die verschiedenen Potice – ein Himmelreich für Liebhaber des Germgebäcks. Hier bekommt man die Potica nach Originalrezept, gefüllt mit Grammeln, Estragon, Mohn oder Nüssen. Man sollte Kuklju nicht verlassen, ohne eine Potica mitzunehmen.

Das traditionelle, familiengeführte Gasthaus existiert bereits seit dem 19. Jahrhundert. Derartige Traditionsbetriebe geben sich nicht mit modernem Schnickschnack ab, sondern kochen Althergebrachtes nach überlieferten Rezepten, wenngleich die Gerichte leichter sind als anno dazumal. Eine Freude sind die zentimeterdicken Steaks mit topfengefüllten Štruklji, die zart mit Bröseln abgeschmalzen sind. Im Herbst wird das Steak auf ein Nest aus Steinpilzen gesetzt. Dann stehen auf dem Speiseplan auch allerlei Wildgerichte, denn die Gegend ist reich an Wild sowie Fisch und Meerestieren. ■

Trubarjeva cesta 31
1315 Velike Lašče
T. +386 1 7889098
www.prikuklju.si
info@prikuklju.si

Öffnungszeiten: Mittwoch bis Freitag 12 bis 16 Uhr, bei Vorreservierung auch 19 bis 22 Uhr, Samstag 12 bis 22 Uhr, Sonntag 11 bis 17 Uhr, Montag und Dienstag Ruhetage

GOSTILNA POTOK

slowenische Küche | Terrasse | Zimmer

Eine Suppe im Brottopf

Dolenje pri Jelšanah 64
6254 Jelšane
T. +386 5 71 42648
M. +386 41 747657
www.gostilna-potok.si
ema.dezelak@siol.net
Öffnungszeiten: täglich von 8 bis 24 Uhr

DIE DEZELAKS sind stets für ihre Gäste da: sieben Tage die Woche, von frühmorgens bis in die Nacht. Da das Gasthaus direkt an der Bundesstraße von Postojna nach Rijeka liegt, sind lange Öffnungszeiten sehr bequem. Denn hier fährt man vorbei, wenn es zum Urlaub nach Kroatien geht. Man bekommt nicht nur rund um die Uhr warmes Essen, es ist auch noch richtig gut. Besonderheiten sollte man sich nicht erwarten, doch die Qualität ist durchaus in Ordnung.

Berühmt ist die Steinpilzsuppe, sie kommt nämlich in einem großen Brottopf daher, der im Haus frisch gebacken wird. Nach dem Verzehr der Suppe kann man sich über das Brot hermachen, das immer noch knusprig ist. Die Gnocchi, die hier Njoki heißen, sind hausgemacht, ebenso die Žlikrofi. Eine große Auswahl an gegrillten Fleisch- und Fischgerichten bietet einen Vorgeschmack auf die nahe Adria. Die Pleškavica ist nicht nur einfach gegrillt, sondern mit Käse und Prosciutto gefüllt, es gibt Koteletts in Weinsauce und große Fleisch- und Fischplatten, die für zwei bis drei Personen ausreichen. Vor allem Italiener, die es nicht weit zum Potok haben, freuen sich über die große Auswahl an Fisch- und Fleischsorten auf den ausladenden Platten. ■

GOSTILNA DOMAČIJA REPOVŽ

moderne slowenische Küche | Terrasse | Zimmer

Eine geerdete Familie

Šentjanž 14
8297 Šentjanž
T. +386 7 818 5661
www.gostilna-repovz.si
info@gostilna-repovz.si

Öffnungszeiten: Donnerstag 11 bis 21 Uhr, Freitag 11 bis 22 Uhr, Samstag 8 bis 22 Uhr, Sonntag 7 bis 18 Uhr, Montag bis Mittwoch Ruhetage. Im Sommer und Winter variieren die Öffnungszeiten.

WENN EINE FAMILIE auf mehr als hundert Jahre Gasthaustradition zurückblickt, kann man ihr in puncto Produktvielfalt, traditionelle Rezepte und Gastfreundschaft nicht mehr viel erzählen. Zwischen Celje und Novo Mesto gelegen, gehört das traditionsreiche Haus zu den wohl bemerkenswertesten Gasthäusern der Region. Die Kreativität der jungen Generation, die bereits am Werk ist, wird mit den besten Produkten vornehmlich von Biobauernhöfen der Region gepaart. Mit geerdeter Tradition und der Suche nach ständig Neuem hebt sich die Familie vom Durchschnitt ab. Weil auch der Wein selbst angebaut und hervorragend gekeltert wird, weiß man um die wertvollen Gaben der Natur.

„Für freundliche Seelen und neugierige Mägen", steht schon beim Eingang. Neugierig wird man auf das, was die Küche an Überraschungen bietet. Das Brot ist natürlich selbst gebacken und kommt in vielen Variationen auf den Tisch. Buchweizen, Mais, Dinkel wie es beliebt. Wunderbar, wie man ein auf den Punkt gegartes Kalbfleisch mit der passenden grünen Creme zu einem Gesamtkunstwerk stylen kann. Violette Kartoffeln, eine Rarität aus der Region, sind zwar nicht jedermanns Geschmack, eine herrliche Farbkomposition ergeben sie allemal. Küchenchefin Meta Repovž ist auch eine Virtuosin in Sachen Desserts. Sie sehen nicht nur grandios aus, sie schmecken auch so. ■

OŠTARIJA

Sokolski trg 2, 8350 Dolenjske Toplice
T. +386 51262990,
www.ostarija.si, jernej.jarc@ostarija.si

Öffnungszeiten: Dienstag bis Samstag 12 bis 23 Uhr, Sonntag 12 bis 16 Uhr, Montag Ruhetag

Traditionsreiches Haus mit einem herrlichen Gastgarten unter schattigen Bäumen. Die Speisen sind traditionell, aber kreativ verfeinert. Frische, regionale Produkte stehen im Mittelpunkt.

GOSTILNA VOVKO

Ratež 48, 8321 Brusnice
T. +386 7 3085603, www.gostilna-vovko.si

Öffnungszeiten: Montag bis Samstag 12 bis 22 Uhr, Sonn- und Feiertage Ruhetage

Aus einem einfachen Gasthaus wurde ein kreatives Restaurant. Seit die junge Generation den Kochlöffel übernommen hat, ist die regionale Küche durch zeitgemäße Kochkunst aufgewertet.

TRI LUČKE

Sremič 23, 8270 Krško
T. +386 41 687500, www.trilucke.si, info@trilucke.si

Öffnungszeiten: Dienstag bis Samstag 12 bis 22 Uhr, Sonntag, Montag Ruhetage

Modernes Restaurant im Bistro-Stil mit Landhaus-Zimmern, toller Aussicht und feiner, leichter Küche. Ausgezeichnete saisonal inspirierte Menüs und große Weinauswahl.

DOMAČIJA NOVAK

slowenische Küche | Garten | Zimmer

Ein Ort zum Genießen

Sadinja vas pri Dvoru 7
8361 Dvor
T. +386 41 343000,
M. +386 73 087430

Öffnungszeiten: Mittwoch bis Sonntag 13 bis 14 Uhr, 19 bis 21 Uhr. Nur auf Vorbestellung, Montag und Dienstag Ruhetage

„WIR MACHEN SLOW FOOD“, sagt Jan Novak in fast akzentfreiem Deutsch. In der idyllischen Domačija, rund 40 Kilometer von Laibach nahe Otočeč geht es beschaulich zu. Der richtige Ort für Besichtigungstouren, Thermenbesuche, Golfspielen, Relaxen und Genießen.

Jan und seine Mutter Miriam verwöhnen die Gäste mit feinen, hausgemachten Gerichten. Es bleibt der Mutter vorbehalten, aus der Fülle von Obst und Gemüsen Köstlichkeiten herzustellen, die ihresgleichen suchen. Zum Beispiel bereitet sie aus der alten Apfelsorte Lesnike einen Essig zu, der jeden Salat adelt. Aus Kirschen, Zwetschken, Äpfeln, Birnen und Waldbeeren werden Marmeladen, Säfte, Schnäpse und natürlich feine Kuchen und Strudel gezaubert. Es ist eine sympathische slowenische Eigenart, alles, was vor der Haustüre wächst, zu verwerten und nichts zu verschwenden. Daher kommen immer wieder rare Köstlichkeiten aus der Speisekammer auf den Tisch. Bei der Auswahl der Gerichte ist Jan wählerisch und verwendet nur die frischen, saisonalen Produkte, vorzugsweise aus der Nachbarschaft.

Im Herbst, wenn die Pilze in den Wäldern aus dem Boden schießen, kann man sich über eine hausgemachte Pasta, die hier Bleki heißt, mit Pilzen oder ein Carpaccio aus rohen Steinpilzen mariniert freuen. Immer köstlich sind die Suppen: Rindfleischsuppe mit verschiedenen Einlagen (vorzugsweise hausgemachte Nudeln) oder eine gehaltvolle Kürbiscremesuppe. Auch das Schweinefleisch ist etwas Besonderes. Für Braten und Schnitzel nimmt Jan das Schwein „Krškopolje“, eine autochthone Rasse mit besonders zartem Fleisch.

Wer die freundliche Domačija aufsuchen möchte, sollte unbedingt vorher reservieren, damit die Küche für die Gäste vorbereitet ist. ■

GOSTILNA RAKAR

Gorenje ponikve 8, 8210 Trebnje
T. +386 7 3466190, www.rakar.si, info@rakar.si

Öffnungszeiten: Mittwoch bis Samstag 11 bis 22 Uhr, Sonntag 11 bis 17 Uhr, Montag und Dienstag Ruhetage

Ein slowenisches Gasthaus im besten Sinn. Chef Bostjan Rakar offeriert die klassische Küche auf moderne Weise. Gut sortiert mit slowenischen Weinen ist der Keller des Hauses.

IRENA FONDA

Die Wolfsbarsch-Flüsterin

Die Meeresbiologin Irena Fonda aus Piran spricht mit ihren Branzini.

Limnjanska cesta 117
4320 Portorož
T: +386 5 6779 044
M. +386 51 605605
www.fonda.si
info@fonda.si

DAS BIOHOTEL Daberer in Kärnten serviert sie, die Griffen-Rast Mochoritsch hat sie auf der Speisekarte, die Fischboutique Deste in Duino verkauft sie und für die slowenischen Nobelrestaurants As in Ljubljana, Kempinski Palace in Portorož oder Pavel in Piran ist es selbstverständlich, einen Branzino (Wolfsbarsch) aus der Aquakultur Fonda in Piran zuzubereiten. Sie alle wissen, dass sie von Irena Fonda nur Fische in Spitzenqualität vom Meer direkt auf den Herd bekommen. Ein Fisch, gehegt und gepflegt, mit bestem Futter verwöhnt und mit Hingabe aufgezogen.

Die Augen der studierten Meeresbiologin aus Piran blitzen. Es sprudelt nur so aus ihr heraus, wenn sie über ihre Millionen Schützlinge spricht, die sie als Babys in Italien kauft und in ihrem 800 Hektar großen Naturpark bei den Salinen einsetzt und mit Liebe großzieht. „Ich spreche mit den Babys, sie sind wirklich süß", sagt die Wolfsbarsch-Flüsterin leise und weiß um das Paradoxon, dass sie nach etwa vier Jahren mithilfe von Eis um ihr kurzes Leben gebracht werden. „Ich bin zufrieden, dass sie bei uns ein gutes Leben hatten, das ist das Wichtigste." Wolfsbarsche sind friedliche, schlanke Fische mit festem, schmackhaftem Fleisch. Proteine, ungesättigte Omega-3-Fettsäuren und zahlreiche Vitamine und Mineralien liefern sie gleich mit. Ihr silbernes Schuppenkleid leuchtet im Wasser und ist auch noch hübsch anzusehen, wenn sie bereits am Teller gelandet sind. „Wir sind nur eine kleine Fischboutique, verglichen mit der Konkurrenz, doch wir haben uns zur Aufgabe gemacht, den besten Fisch zu züchten", erklärt Irena bestimmt. Dieses Ansinnen hat ihre Branzini weit über die Grenzen Sloweniens hinaus bekannt gemacht.

Das Unternehmen Fonda ist noch jung und resultiert aus der Begeisterung der ganzen Familie für das Meer und deren Bewohner. Vater Ugo und Bruder Lean, beide Meeresbiologen wie sie, sind fanatische Taucher und Unterwasserforscher. Das große Wissen um die Vorgänge im Meer und die immer schneller heraufziehende Bedrohung durch Verschmutzungen aller Art hat 2012 zu dem Projekt geführt, Branzini in großen Netzkulturen im sauberen Wasser der Bucht von Piran in bester Qualität zu züchten.

Doch die Fischzucht Fonda ist mehr als eine Fischproduktion und sei sie noch so nachhaltig. Mittlerweile ist man zu einer Touristenattraktion geworden. Die ersten Gruppen, die Fonda besucht haben, waren Österreicher. „Wir versuchen, den Menschen einen unvergesslichen Tag zu bieten

und sie zu informieren. Je mehr sie über unsere Branzini-Zucht wissen, desto besser. Nur ein informierter Kunde, ist ein guter Kunde", sagt Irena. Der Eintritt ist frei, doch jeder, der zu Besuch kommt, kauft eine Box mit hochwertigem Fischfutter, das dann von den bis zu 20 Mitarbeitern von Hand an die Fische verfüttert wird. „Das ist eine harte Arbeit, vor allem weil wir es mit der Natur zu tun haben. An einem Tag brennt die Sonne vom Himmel, am anderen wütet die Bora", spricht sie über ihren Arbeitsplatz. Im Winter haben die Fische Ruhe, sie verlieren an Gewicht, wodurch das Fleisch kompakter wird. „Wir füttern sie trotzdem, damit ihnen nicht langweilig wird", ist die Fischmama voll Empathie für ihre schillernden Schützlinge. Dem Wildfang seien sie weit überlegen, da „unsere Fische streng kontrolliert werden".

„Lebensmittel haben wie der Wein, ein Terroir", ist sie überzeugt. „Nur dass der Wein nicht lebensnotwendig ist, das Essen schon." Daher bekommen alle fangfrischen Fische, die in eigenen, blauen Boxen ausgeliefert werden, eine Marke (Made by Fonda) mit Datum. Zwei Tage braucht der Fisch, bis er beispielsweise in Kärntner Restaurants einlangt. Oder auch bei Privatpersonen, die im Internet bestellen. Dann sei der Branzino im richtigen Zustand. Denn ein fangfrischer Fisch müsse mindestens zwei Tage „reifen", um die Totenstarre zu überwinden. Woran erkennt man eigentlich frischen Fisch? „Ganz einfach, frischer Fisch muss gut riechen. Tut er das nicht, muss man ihn sofort zurückgeben", sagt Fonda und glaubt weder an klare Augen noch an rosige Kiemen. „Das kann man alles mit diversen Sprays beeinflussen." Wenn man einen Branzino hochhebt, müsse das Hinterteil geradestehen.

Da Familie Fonda laufend Pläne hegt, gibt es 2019 ein neues Projekt: die Züchtung von goldigen Doraden. „Eine Goldbrasse hat einen ganz anderen Charakter", weiß Fonda die Fische nach ihrer Persönlichkeit zu unterscheiden. „Sie sind aggressiv und beißwütig", hat sie bereits Erfahrungen mit den Doraden-Babys gemacht. „Aber sie sind so schön, schmecken hervorragend und der Geschmack geht schließlich durchs Herz."

Wenn sie nicht im Salzteig landen, isst sie ihre Fische am liebsten ganz clean. Nur ein bisschen Salz, Thymian und gutes Olivenöl dürfen dazu, dann wandern sie für 30 Minuten ins Rohr. Wer es ihr in puncto Genuss gleichtun möchte, kann den biologischen Wolfsbarsch ganz einfach übers Internet bestellen. In knapp zwei Tagen landet die blaue Box direkt vor der Haustüre. ■

GENUSS IN ROSÉ

Cviček kommt von Twitschern

SCHON MEIN VATER hatte eine Affinität zum Cviček, jenem roséfarbenen Wein, der sich so leicht trinken ließ und durchaus lustig machte. In meinen Kinderohren hörte es sich immer wie „Twitschern" an, wie man das fröhliche Dahintrinken in Kärnten landläufig nennt. „Twitschern" und Cviček, das gehörte einfach zusammen, wenngleich sich eine Hingabe zu dem säuerlichen Wein bei mir auch später nicht einstellen wollte. Der Cviček, erkannte ich, braucht ein Ambiente, eine Fangemeinde. Er ist einfach eine Art Lebenseinstellung. Diese Annahme hat sich mit der WCO (World Cviček Organisation) eindrucksvoll bestätigt. Es ist wohl der einzige Club der Welt, der dem leichten, säuerlichen slowenischen Wein aus der Dolenjska huldigt.

Es war ein heißer Augusttag im Jahr 1990, der letzte Tag der Klagenfurter Messe. Die Freunde Gerhard, Hans, Cervi und Fritz trafen einander am Stand von Vino Koper. Der Messestand von Christian Breznik, an dem alle zusammenkommen, die südlichen Wein und Čevapčiči zu schätzen wissen. Die Attraktion war eindeutig das Hundert-Liter-Fass mit Cviček, in dem sich noch rund zehn Liter Wein befunden haben sollen. Die durstigen und lustig gestimmten Freunde machten sich an die Arbeit und im Nu war das Fass leer getrunken. In dieser weinseligen Laune gründeten sie an Ort und Stelle den Verein WCO, der auch nüchtern betrachtet noch heute felsenfest steht. Die Vereinsstatuten waren alsbald geschrieben und so konnte der Verein seine Arbeit aufnehmen, die größtenteils aus Ulk und Kurzweil, dem Verkosten und der Pflege verschiedener Cvičeks gewidmet war.

„Von diesem Zeitpunkt an machten wir zu Ehren des Cviček jedes Jahr einen gemeinsamen Ausflug", erklärt Gerhard Sandhofer, Unternehmer für Transportgeräte. Einmal ging es samt Cviček-Fass auf ein Segelboot, dann wieder in die Toskana oder in die Weingegend von Jeruzalem. „Wir probieren natürlich auch andere Weine, aber der Cviček ist immer dabei", erklärt er. Das Highlight war ein Besuch in der Region Dolenjska (Otočec), dem Epizentrum des Cviček-Weines. Der dortige Bürgermeister war so erbaut, dass es einen Verein gibt, der sich mit der regionalen Weinsorte befasst, dass er die Freunde einlud und hochleben ließ. „Das zeigt, wie der Cviček die Menschen verbindet und Freude am Leben bringt", so Gerhard, der überzeugt ist, dass der slowenische Wein nichts anderes ist als ein Lebenselixier.

Der oftmals belächelte Tischwein aus dem Save-Krka-Gebiet südlich von Celje darf mittlerweile die Qualitätsbezeichnung PTP (Priznano Tradicionalno Poimenovanje) tragen, was so viel wie „traditionelle Ursprungsbezeichnung" bedeutet. Nur Weine aus der Dolenjska dürfen als Cviček PTP

gehandelt werden. Er ist eine Mischung aus bis zu vierzehn voll ausgebauten Rot- und Weißweinen, wobei der Anteil des Rotweins mit bis zu 70 Prozent dominiert, was ihm sein hellrotes Aussehen verleiht. Da nach EU-Recht fertig vergorene Rot- und Weißweine für die Erzeugung von Qualitätsweinen nicht vermischt werden dürfen, wurde eigens dafür eine Sondergenehmigung erlassen.

Die Mischung ist dem Geschmack der Weinbauern vorbehalten. Welschriesling, Grüner Silvaner, Blauer Portugieser – jeder macht es anders. Das und der geringe Alkoholgehalt von neun Prozent machen den Charme des Weins aus. Auf das Cviček-Weinfest in Šentrupert im Frühjahr, wo der Cviček um die Gunst der Besucher zwitschert, freuen sich daher nicht nur die Mitglieder des WCO. ■

BARBA SOL

Signor Barbas Gespür für Salz

Davor Podbevsek fügt dem Salz erst den Geschmack bei.

DER BART – mittlerweile schon etwas ergraut – steht Davor Podbevsek aus Koper gut. Damit begründete er sogar sein Geschäftsmodell: die Produktion von aromatisiertem Salz aus den Salinen von Piran unter dem klingenden Firmennamen Barba (Bart). „Ich bin eigentlich kein Geschäftsmann, sondern Künstler", behauptet Davor selbstbewusst von sich. Doch wenn man seine Salze auf der Zunge zergehen lässt, weiß man sofort, was er meint. Die Kunst liegt nämlich darin, die richtigen Aromen zu finden und die Kräuter und Ingredienzien so zu mixen, dass sie sich ergänzen und den Geschmack steigern. So ist er überzeugt: „Trüffel und Salz, das geht gar nicht." Dafür sind die Steinpilze wie das berühmte „Salz in der Suppe".

Die Geschichte seines Start-ups liest sich wie im Bilderbuch. Vor acht Jahren lernte Davor Sara kennen, heiratete sie, baute ein großes Haus und gründete eine Familie. „Das Geld war knapp und so kochten wir ganz einfache Pastagerichte." Damit die Pasta immer anders schmeckte und die Familie sich nicht über die ewig gleichen Gerichte beklagen musste, experimentierte Davor mit Salzmischungen von den nahen Salinen. Einmal war es Salbei, dann Rosmarin, Zitronenschale oder schwarzer Pfeffer, die er beimischte. „Was tust du in die Pasta? Die schmeckt fantastisch!", fragte seine Sara. Als auch Freunde und Bekannte, die die Salzdöschen zu allen möglichen Anlässen als Präsent bekamen, begeistert reagierten, fragte Davor: „Was machen wir damit?" „Mach ein Business", antwortete die kluge Sara.

Seit Kurzem sind die Barba-Salze mehr als nur ein Hobby. Mittlerweile gibt es 28 Sorten. Auch so ausgefallene wie Algensalz oder Salz mit 24 Karat Gold. Die gehobene Gastronomie reißt sich um die Kostbarkeit, von der schon eine kleine Menge für ein großartiges Aroma sorgt. In einem Minigeschäft in Koper verkauft er sie in Dosen.

Signor Barba kennt sich mittlerweile bestens mit Salzen aus. Fleur de Sel kauft er in Makarska, weil es leicht süßlich schmeckt. Sonst lobt er das Salz aus den Salinen von Sečovlje. „Man glaubt immer, Salz ist Salz, doch es ist erstaunlich, wie unterschiedlich es schmecken kann", gibt Davor Nachhilfeunterricht in Sachen Natriumchlorid. Warum das Salz von Piran so besonders ist? „Das Wasser in der Bucht von Piran ist sauber. Von 50 Proben kam es unter die ersten fünf in puncto Sauberkeit." Das Thema Nanoplastik existiere hier nicht, ist Signor Barba überzeugt. Man schnuppert am Zitronensalz und stellt sich augenblicklich einen Branzino vor, der nur mit Olivenöl aus Istrien und Barbas Zitronensalz aromatisiert wurde – und schon ist man auf Urlaub am Meer. ■

Davor Podbevsek
Vojkovo nabrezje 5
6000 Koper
T. +386 70 665013
info@barbasol.si

VINO
10

SEHENSWÜRDIGKEITEN

PIRAN – VENEDIG LÄSST GRÜSSEN

Der Komponist Giuseppe Tartini steht lässig auf einem barocken Sockel mitten am Tartini-Platz. Die St.-Georgs-Kathedrale, das Tartini-Haus, venezianische Bauten, Cafés und Fischrestaurants muss man erleben. www.piran.si

KOPER – MEHR ALS EIN CONTAINERHAFEN

Wer Koper nur mit seinem riesigen Containerhafen assoziiert, ist noch nie bis ins Zentrum vorgedrungen. Sehenswürdigkeiten sind: Prätorenpalast, Campanile, Loggia, Kathedrale Mariä Himmelfahrt, Da-Ponte-Brunnen. www.koper.si

AUERSPERG-SCHLOSS ŽUŽEMBERG

Über Jahrhunderte waren Burg (13. Jahrhundert) und Stadt im Besitz der Adelsfamilie Auersperg. Nach dem Zweiten Weltkrieg wurde das Schloss wieder aufgebaut. Der Eintritt ist frei. www.visitdolenjska.eu

MÄCHTIGES KOSTANJEVICA

Kostanjevica ist die älteste und kleinste Stadt von Dolenjska (13. Jahrhundert), gegründet von den Spanheimern. Das Zisterzienserkloster Marienbrunn (Kostanjevica) war Tochterkloster des Stifts Viktring in Kärnten. www.kostanjevica.si

SCHLÖSSERREICH

Der Süden Sloweniens ist so reich an wertvollen Schlössern wie kaum eine andere Region. Um nur einige zu nennen: Schloss Rajhenburg bei Krško, Schloss Sevnica oder das Schloss Otočec. www.slovenia.info/kultur/burg

NATURDENKMÄLER

SALINEN VON SEČOVLJE

Die noch intakten Salinen von Sečovlje sind ein sehenswerter Naturpark. Hier findet man eine seltene Flora und Fauna. Die Salinen von Strunjan sind die nördlichsten noch aktiven im Mittelmeerraum. www.portoroz.si

DIE WEISSEN PFERDE VON LIPICA

Das Gestüt Lipica ist der Ursprung der weltberühmten Lipizzaner und gehört zu den Hauptattraktionen Sloweniens. Tägliche Veranstaltungen, Reitvorführungen, Training mit den Pferden, Ponyreiten, Museumsbesuch und vieles mehr. www.lipica.org

TROPFSTEINHÖHLEN VON SKOČJAN

1986 wurden die Höhlen von Skočjan wegen ihrer Einzigartigkeit in die Liste des UNESCO-Weltkultur- und Naturerbes der Menschheit aufgenommen. Die unterirdische Erscheinung des Karsts mit dem verzweigten Höhlensystem gehört zu den bedeutendsten Naturdenkmälern der Welt. www.park-skocjanske-jame.si

SCHÖNE BELA KRAJINA

Am südöstlichsten Zipfel von Slowenien gelegen, punktet die Bela Krajina mit atemberaubender und teilweise unberührter Landschaft. Diese Naturkleinode hat man rechtzeitig für die Zukunft geschützt. www.belakrajina.si

DIE BÄREN VON KOČEVJE

In den mächtigen Wäldern von Kočevje hält sich noch eine große Bärenpopulation auf. Man schätzt sie auf rund 2000 Bären. Bei der Roška-Hikingtour kann man die beeindruckende Gegend, Flora und Fauna bewundern. www.kocevsko.com

UNTERKÜNFTE

HOTEL GRAD OTOČEC RELAIS CHATEAU

Das stilvolle Hotel in Otočec ob Krki, Grajska cesta 2, bietet alles für ein entspanntes Wochenende: Toprestaurant, Golfplatz, die Stadt Novo Mesto und Thermen in der Nähe. www.grad-otocec.com, T. +386 8 2050310

KEMPINSKI PALACE PORTOROŽ

In dem wunderbar restaurierten Hotel ersteht der imperiale Luxus vergangener Tage in Portorož (Obala 45). Der Prachtbau ist das ideale Wohlfühlrefugium. www.kempinski-portoroz.com, T. +386 5 6927000

HOTEL CONVENT

Das Hotelresort im einstigen Benediktinerkloster von Ankaran, Jadranska 25, ist ein außergewöhnlicher Ort mit reicher Geschichte. www.adria-ankaran.si, T. +386 5 6637300

HOTEL PIRAN

Was für Piran nicht selbstverständlich ist, hat das Hotel Piran, Stjenkova ulica 1: einen Minibadestrand vor der Haustüre. Auch eine kleine Wellnessanlage wird geboten. www.hotel-piran.si, T. +386 5 6667100

HOTEL BALNEA SUPERIOR

Angenehmes Hotel mit Thermalbecken, Wellnesscenter und vielen Annehmlichkeiten in Dolenjske Toplice, Zdravilski trg 7. www.terme-krka.com, T. +386 8 2050300

URLAUB AM BAUERNHOF

BAUERNHOF PRI MARTINOVIH

Die vorteilhafte Lage in Krška Vas, Globočice 8, nahe der Therme Čatež, der Krka und dem Kloster Kostanjevica macht den Bauernhof zu etwas Besonderem. www.martinovi.com, M. +386 41 381271, T. +386 7 496 1057

BAUERNHOF PR MARTINOVH

Die Lebensmittel, die auf dem Hof in Gorenje Gradišče 7, 8310 Šentjernej angebaut werden, werden schmackhaft verarbeitet. Schön zum Wohnen. www.tkkrhin.webs.com, T. +386 7 3071394, M. +386 41 906426

BAUERNHOF TONIN

Von der Terrasse des Hofes in Šmarje, Puce 48, genießt man einen herrlichen Blick auf die Olivenbäume, während in der Peka das Lamm röstet. www.kmetija-tonin.com, T. +386 3 1559094

BAUERNHOF PECEL

Ber Biohof in Šemic, Maline 17, ist ein anerkannter Biohof. Zum Biolamm gibt es Weine aus Bio-Anbau. Für Kinder Ausflüge mit der Pferdekutsche. www.eko-pecel.si, T. +386 40 860839, +386 40 620556

DUJČEVA DOMAČIJA

Das schöne Hofgut in Škofje 33, Vremski Britof, liegt am Rand des Parks Skocjanske Jame. Idealer Ort für Familien und Gruppen. www.dujceva.si, T. +386 41 597988

SPORTEINRICHTUNGEN

GOLFSPIELEN BEI DEN PFERDEN

Wunderschöner Golfplatz nahe dem Lipizzanergestüt Lipica. Es sind zwar nur neun Löcher zu bespielen, aber dafür das ganze Jahr im milden Klima des slowenischen Karsts. www.lipica.org

GOLFEN NAHE DEM SCHLOSS

Der 18-Loch-Golfplatz dehnt sich entlang des Ufers des Flusses Krka aus, nahe den Wäldern von Dolenjska. In Reichweite ist das Hotel im Schloss Otočec. www.golf-otocec.si

JADRALNI CLUB PIRAT

Surfschule, wo vor allem Kinder und junge Leute unterrichtet werden. Hier kann man auch Surfbretter ausborgen, um durch die Wellen der Adria zu pflügen. www.klub-pirat.si

CHICKENLOOP

Auf Optimisten oder Piratbooten lernen Kinder und Jugendliche in Portorož und Piran Segeln und verlieren so die Angst vor Wasser und Wind. www.chickenloop.si

RADELN ENTLANG DER PARENZANA

Die 135 Kilometer lange Radstrecke auf den ehemaligen Schienen der alten k. & k.-Eisenbahnstrecke von Italien nach Istrien gehört zu den schönsten Erlebnissen für Radfahrer. www.italybike.info/de/radreisen/parenzana

THERMEN

FAMILIENFREUNDLICHE THERME ČATEŽ

Die Thermalmetropole ist das ganze Jahr über geöffnet. Die familienfreundliche Therme bietet die größte Außen- und Innenpoolanlage Sloweniens. www.therme-catez.si

NOBLES DOLENJSKE TOPLICE

Der Kurort Dolenjske Toplice befindet sich in einer malerischen Landschaft. Wellnesszentrum Balnea und Badelandschaft verwöhnen Geist und Seele. www.therme-krka.com/dolenjske

VITALTHERME ŠMARJEŠKE TOPLICE

Therme mit modernsten Fitness-, Abnehm- und Ernährungsprogrammen. Im Vitarium kommt man wieder zu neuer Energie. Kuren zu günstigen Preisen. www.therme-krka.com/smarjeske

SONNENTHERMEN AM MEER

In den Thermen der LifeClass Resort Hotels in Portorož wird auf hohem Niveau alles geboten, was Gesundheit, Vitalität und Energie beflügelt. Produkte aus den Salinen. www.lifeclass.net

RELAXEN IN DEN SALINEN

Im nördlichen Teil des Landschaftsparks Sečoveljseke soline befindet sich das einzigartige Vitalzentrum im Freien, das Thalasso Spa Lepa Vida. www.thalasso.lepavida.si

WEINGÜTER

VINAKOPER

Vinakoper ist eines der traditionsreichsten Weingüter. Bei einer Besichtigung des Weinkellers und des „Hauses des Refošk" in Koper, Šmarska cesta 1, kann man sich durchkosten. www.vinakoper.si, T. +386 5 6630100

VINA STERAS

Die istrische Sonne und Meeresluft streicheln die Trauben von Vina Steras in Izola, Šared 43. Die Winzerfamilie lädt zu Verkostungen. www.steras.com, T. +386 41 788173

WEINKELLEREI FRELIH

Auf dem Weingut Frelih in Šentrupert 35 kann man den oftmals prämierten Cviček verkosten. Die Weinbautradition der Familie reicht bis ins Jahr 1892 zurück. www.frelih.si, T. +386 7 6000600

WEINKELLEREI PRUŠ

Drei Generationen unter einem Dach symbolisieren die Weintradition der Familie in Metlika, Krmačina 6. Pruš Weine zählen zu den besten der Dolenjska. www.vinaprus.si, T. +386 7 3059098

WEINKELLEREI RODICA

Wer bei Rodica in Koper, Truške 1c, Wein verkostet, bekommt die Aussicht aufs Meer mitgeliefert. In der Buschenschenke wird man verwöhnt. www.rodica.si, T. +386 31 759744

OLIVENPRODUZENTEN

BIOBAUERNHOF MORGAN

Das native Olivenöl aus Slowenisch Istrien besteht aus Sorten wie Belica, Leccino und Maurino. Bei Morgan in Šmarje, Grintovec 1, ist es betont pikant. www.olje-morgan.si, T. +386 5 656 03 28, M. +386 41 321539

OLIVENÖL ALELA

Danilo in Izola, Rožna pot 3, nützt das bevorzugte Klima, um ein harmonisches Olivenöl herzustellen, das perfekt zu Fisch und Fleisch passt. www.alela.eu, T. +386 31 610357

OLIVENÖL JENKO

Jenko in Koper, Pobeška cesta 11, macht aus dem nativen Olivenöl eine besondere Spezialität: Er räuchert es leicht auf Eichen- oder Buchenholz. www.oiljenko.si, T. +386 41 504865

OLIVENÖL VANJA DUJC

Vanja in Koper, Dolga reber 4, ist ein Star unter den Olivenölproduzenten. Seine reinsortigen, biologischen Olivenöle erhalten begehrte Auszeichnungen. www.vanjadujc.net, T. +386 40 234537, +386 31 37936

OLIVENÖL LISJAK

Einer der bekanntesten Erzeuger von Olivenöl ist Lisjak in Koper, Šalara 28. Seine Öle sind vielfach ausgezeichnet und haben einen eleganten Geschmack. www.lisjak.com, T. +386 40 294248

KULINARISCHE FESTE

ORANGE WINE IN IZOLA

In der Adria-Stadt Izola dreht sich Ende April alles um Orange Wines. Die besten Produzenten aus Slowenien, Italien, Österreich geben Proben ihres besonderen Erzeugnisses. www.orangewinefestival.eu

EIN FEST FÜR DAS SALZ

Ende April findet in Piran und im Salinenpark Sečovlje das traditionelle Salinenfest statt. Am St.-Georgs-Tag beginnt die Saison der Salzgewinnung, dem „weißen Gold" Sloweniens. www.portoroz.si

SÜSSES ISTRIEN IN KOPER

Ein Himmelreich für Schleckermäuler Ende September in Koper. Man folgt süßen Pfaden in der Altstadt, wo Kuchen, Torten, Schokoladen und Pralinen locken. www.sladka-istra.si

KAKI-FESTIVAL IN ŠTRUNJAN

Von den 100 Tonnen Kaki, die jährlich in Štrunjan gewonnen werden, wird rund die Hälfte beim Kaki-Fest Mitte Oktober verkostet und verkauft. www.storitve-knez.si/de

OLIVENÖL UND MANGOLD IN PADNA

In den ersten Maitagen findet das Olivenöl- und Mangoldfest im denkmalgeschützten Dorf von Padna im Hinterland von Piran statt. www.feelslovenia.si/erleben.

SPEISEN

PEDOČI (MIESMUSCHELN)

Pedoči, Cozze oder Miesmuscheln, genießt man nach alter Volksweisheit am besten im Juli und August. Sie werden entweder in Wein- (scottadeo) oder Tomatensauce (buzara) gekocht.

BAKALA (STOCKFISCH)

Der getrocknete Stockfisch ist eine Spezialität, vor allem, wenn er als Bakala na belo (weißes Bakala) zubereitet wird. Der cremige Bakala ist ein typisches Weihnachtsgericht.

RIBE V ŠAVORJU (MARINIERTE SARDINEN)

„Savor" bedeutet das Marinieren von Fischen. Kleine Fische wie Sardinen, Sardellen oder Meerbarben eignen sich besonders dafür. Besonders gut schmecken sie lauwarm.

REPA S FIŽOLOM RIBNIČAN (RÜBEN MIT BOHNEN)

Die schmackhafte Bohnensorte „Ribničan" ist schon fast ausgestorben, in den Bauerngärten der Region Bela Krajna ist sie noch zu finden. Sie werden mit Kraut und Grammeln gegessen.

ŠČUKA S FIŽOLOM (HECHT MIT BOHNEN)

Eine Spezialität ist der Hecht in der Region Notranjska. Beliebt ist er in Form von Filets, er wird auch gebraten, geräuchert oder als Eintopf zubereitet.

ZENTRAL-SLOWENIEN

Von einer pulsierenden Stadt und alten Schlössern

Die Hauptstadt Sloweniens, Ljubljana/Laibach, ist eine Stadt mit Kultur und sprudelt über vor ansteckender Lebenslust zu jeder Jahreszeit. Der bunte Markt liefert den Köchen und Köchinnen der zahlreichen Gasthäuser und Restaurants die besten Produkte und Inspirationen. Ljubljana, einfach zum Verlieben.

KULTUR- UND KULINARIKROUTE

Vorschlag für eine zweitägige Rundreise im Zentrum Sloweniens mit Ljubljana

1. TAG

- *Besuch des Schlosses Žužemberg mit Valvasor-Ausstellung*
- *Fahrt nach Ljubljana und Flussfahrt auf der Ljubljanica*
- *Imbiss in einem typischen Marktbeisl*
- *Rundgang in Ljubljana mit Plečnik-Führung*
- *Spaziergang (oder Auffahrt mit der Zahnradbahn) auf die Burg und Besichtigung der Burg*
- *Abendessen bei Strelec auf der Burg*
- *Übernachtung im Boutiquehotel Vanda*

2. TAG

- *Besuch des Laibacher Marktes und Shopping in der Stadt oder Museumsbesuch*
- *Mittagessen im Restaurant JB in Ljubljana*

GOSTILNA ANČKA

bodenständige, kreative Küche | Terrasse | Zimmer

Štruklji in allen Variationen

DER NAME ANČKA bürgt in der slowenischen Küche für Qualität. Die Gostilna Ančka in Šenčur ist nicht die einzige mit diesem Namen. Auch in Slovenj Gradec gibt es eine – also nicht verwechseln! Diese Ančka ist jedenfalls berühmt für ihre Štruklji. Einige sagen sogar, dass es bei ihr die besten ganz Sloweniens gäbe. Nun, das ist sicherlich Geschmackssache, aber die Vielfalt ihrer Štruklji ist schon sehr beachtlich. Es wird auch nicht mit Butter gespart, was die typische slowenische Strudelspeise zwar mit Kalorien anreichert, aber umso besser geraten lässt. Auch die Schreibweisen der zahlreichen Strudelarten sind verschieden. Manche nennen sie Šruklje oder Štruklij. Egal, Hauptsache, sie schmecken.

Štruklji gibt es bei Ančka als Beilage zu Fleisch und Fisch, als Vor-, Nach- oder Hauptspeise mit Salat oder Kraut. Gefüllt sind sie mit Grammeln, Topfen oder Fleisch. Der Teig besteht aus Buchweizen, Dinkel oder Weizen. Aber auch süß sind sie ein Gedicht: gefüllt mit Nüssen, gewälzt in Butter, Zimt, Zucker und Brösel. Das absolute Štruklji-Highlight sind jedoch die Schokoladen-Štruklji. Eine zarte schokoladige Rolle, gefüllt mit Schokolade und Nüssen und übergossen mit hausgemachter Schokoladensauce. Zugegeben, ein kalorienreicher, aber seltener Traum, für den alleine es sich schon lohnt, bei Ančka vorbeizuschauen. ■

Delavska cesta 18
4208 Šenčur
T. +386 4 2515200
www.ancka.si
gostilna@ancka.si

Öffnungszeiten: Dienstag bis Samstag 11 bis 21 Uhr, Montag Ruhetag

GOSTILNA REPNIK

Vrhpolje pri Kamniku, 1241 Kamnik
T. +386 5 1300357
www.gostilna-repnik.si, info@gostilna-repnik.si

Öffnungszeiten: Donnerstag bis Samstag 10 bis 22 Uhr, Sonntag 10 bis 17 Uhr, Montag, Dienstag, Mittwoch Ruhetage

Ein Familienbetrieb im besten Sinn. Bereits die dritte Generation verwöhnt ihre Gäste mit traditionellen Gerichten. Ein besonderes Lob gebührt den Süßspeisen.

GOSTILNA SKARUČNA

moderne slowenische Küche | Garten

Crazy Slavko in Skaručna

EXTRAVAGANZ zeichnet das Gasthaus Skaručna aus, das gleich heißt wie der kleine Ort, in dem es sich befindet. Das Restaurant ist extravagant, wie sein Besitzer Slavko Žagar Jr. Übernommen hat er es von seinem Vater Slavko Žagar, der es 1975 gründete. Slavko ist ein cooler Typ und kümmert sich nicht um Konventionen. Weil er auch ein Musikfan ist – im Gastraum stehen ein alter Plattenspieler und Hunderte von alten Vinylscheiben –, tänzelt er wie ein Akrobat mit Platten voll knuspriger Schweins- und Kalbsstelzen, einem kapitalen Hecht oder Kasserollen mit gerösteter Kalbsleber von der Küche in die urige Gaststube. Nicht selten reißt es auch die Gäste zum Tanzen von den Stühlen, wenn die Musik passt. Für größere Gruppen kocht er am liebsten, dann kann er mit riesigen Fleischstücken und kapitalen Fischen experimentieren.

Urig ist auch das Geschirr von anno dazumal. Dass kein Teller zum anderen passt, ist sogar recht witzig. Der Löwenzahnsalat mit Ei wird in einer großen Emailleschüssel aufgetragen, ebenso die Sulz. Die gekochte Zunge wird dick mit Ziegenkäse bestreut und kommt in einer hutähnlichen Schüssel auf den Tisch. Ebenso der Radicchio mit Saubohnen und Kernöl.

Slavko bereitet seine Gerichte mit Augenzwinkern zu. Das macht die Gostilna so sympathisch. Hier kommen Familien, Businessleute und Gourmets zusammen und fühlen sich gleichermaßen wohl. ■

Skaručna 20
1217 Vodice
T. +386 1 8323080
M. +386 40 799810
www.skarucna.si
gostilna@skarucna.si
Öffnungszeiten: Dienstag bis Samstag 13 bis 22 Uhr, Sonntag und Montag Ruhetage

RESTAVRACIJA EVERGREEN

Smlednik 200, 1216 Smlednik
T. +386 41 366249, evergreen@kaval-group.si
Öffnungszeiten: Montag bis Samstag von 8 bis 22 Uhr, Sonntag von 9 bis 18 Uhr

Wer Golf spielt, isst auch gerne gepflegt. In dem gemütlichen Holzhaus wird man mit großer Küche des jungen Talents Mojmir Marko Štiftar konfrontiert.

GOSTILNA LEDINEK

slowenische Küche | Garten

Ausflug zum guten Essen

Šmarna Gora 4
1211 Ljubljana-Šmartno
T. +386 70 852701
M. +386 1 5116555
www.smarnagora.si
gostilna-ledinek@
smarnagora.com
Öffnungszeiten:
täglich 7 bis 18 Uhr

ŠMARNA GORA ist eines der beliebtesten Ausflugsziele der Laibacher. Hier treffen sich Familien an Sonntagen, junge Pärchen an lauen Sommerabenden, aber auch Freunde authentischer slowenischer Küche. Das liegt vor allem an der Gostilna Ledinek. Das einladende, einstöckige, typisch slowenische Haus mit der niedrigen Stube, den kleinen, blumengeschmückten Fenstern, dem gemütlichen Gastgarten und dem Bankerl vor dem Haus zieht magisch an.

Das macht wohl auch der Duft nach Gerstensuppe (oder ist es eher ein deftiger Eintopf?), Kraut und Krainer Wurst, der einem schon beim Eintritt in die Gaststube entgegenschlägt. Wie schön, nach einem langen Spaziergang eine Jota (Eintopf aus Bohnen, Rüben, Kraut, Kartoffeln), Kraut mit Buchweizensterz oder eine schöne Krainer Wurst zu bestellen. Das Bärlauch- oder Walnussbrot wird selbstredend selbst gebacken und die Štruklji werden süß und pikant (Estragon) zubereitet. Zum wärmenden Tee gibt es eine oft noch ofenwarme Pogača.

Bevor man das gastliche Haus verlässt, sollte man ein Stamperl vom Hausgebrannten probieren, schon alleine für die Verdauung der recht kalorienreichen Gerichte. ■

GOSTILNA PRI PLANINSKEM ORLU

slowenische Küche | Zimmer | Terrasse

Der alte Herd ist das Herzstück

Stahovica 20
1242 Stahovica
T. 386 1 8325410
www.priorlu.si
info@priorlu.si

Öffnungszeiten:
Mittwoch bis Freitag
10 bis 22 Uhr, Samstag
10 bis 24 Uhr, Sonntag
10 bis 20 Uhr. Montag,
Dienstag Ruhetage

BEI DEN BERGEN von Kamnik, im Dorf Stahovica, gibt es einen Familienbetrieb, der die Gäste schon mehr als 70 Jahre mit slowenischer Hausmannskost erfreut. Es sind Rezepte der Großmütter, die noch alles auf „altem Feuer", das heißt am Holzherd, gekocht haben. Die Küche ist längst modernisiert worden, doch das Herzstück ist der alte Herd geblieben. Ein Unikat, das kaum noch zu finden ist. Es ist keine Einbildung: Eine Rehkeule oder ein Schweinsbraten, der im Rohr oder auf der heißen Ofenplatte zubereitet wurde, schmeckt einfach aromatischer. Es liegt wahrscheinlich daran, dass die Speisen langsamer und bedächtiger garen und man sich Zeit für die Zubereitung nimmt. Slow Food im besten Sinn. Janez Uršič, der schon als Kind viel Zeit mit Großmüttern und Tanten in der Küche verbracht hat, schaute ihnen über die Schulter und in die Töpfe und erfuhr viel über slowenische Küchengeheimnisse, die er mit modernem Wissen paarte.

Dass es in dieser Gegend auch herrliche Rohprodukte wie Gemüse aus dem Garten, Früchte wie Äpfel, Birnen, Kaki oder Zwetschken, aromatische Kräuter, Beeren und Pilze aus den Wäldern gibt, versteht sich von selbst. Die Gostilna ist vor allem im Herbst ein Hort für Wildspezialitäten. Legendär sind die Gämsensuppe, das Wildgulasch oder der Rehrücken. Dazu gibt es Pilze, Preiselbeeren und Knödel. Die Teller sind allerdings, wie einst überall üblich, voll beladen (man könnte ja glatt verhungern). Aber es sollte nichts Schlimmeres passieren.

GOSTISCE GRIČ

moderne slowenische Küche | Garten

Ein Sonntagsgasthaus

DAS HÜBSCHE GASTHAUS in dem kleinen Dorf Šentjost ist ein richtiges Sonntagsziel. Familien versammeln sich im Sommer im Garten, im Winter in der gemütlichen Gaststube. In der Nähe ist sogar eine bescheidene Familienpiste, die im Winter vor allem von den Kindern gerne frequentiert wird, während sich die Eltern den kulinarischen Genüssen von Luka Košir hingeben. Luka ist unerbittlich, wenn es um regionale Zubereitung à la Slow Food geht. Wenn es auch nicht so genannt wird, sind seine Speisen Slow Food im besten Sinn. Ob Käse, Eier, Gemüse, Fleisch, Geflügel – Luka kauft nur bei seinen Nachbarn ein. Und weil die Lieferanten bereits gute Freunde sind, bekommt er auch immer die besten und frischesten Produkte.

Erdbeeren im Winter? Das wird man beim Grič vergeblich auf der Karte suchen. Auf der Karte? Die gibt es eigentlich nicht, denn Košir kocht, was er gerade auftreiben konnte, und das erklärt er seinen Gästen am liebsten mündlich. Brot und Gebäck sind hausgemacht und schmecken köstlich. Im Herbst ist Wildzeit, dann ist der Chef in seinem Element. Wildbraten, Wildgulasch, Štruklji, rosa gebratene Entenbrust mit Wurzelgemüse, das aus der eigenen Biolandwirtschaft kommt. Genauso perfekt beherrscht Luka die Zubereitung von Meeresgetier wie Calamari oder Stücke vom Branzino. Bunt, wunderschön verziert und sündig sind die Torten und cremigen Desserts. Dass das gemütliche Gasthaus auch zum Verkosten slowenischer Weine einlädt, versteht sich von selbst. ■

Šentjost nad
Horjulom 24d
1354 Horjul
T. +386 1 7540128
www.gric.si
info@gric.si

Öffnungszeiten: Mittwoch bis Freitag von 14 bis 22 Uhr, Samstag und Sonntag von 10 bis 22 Uhr, Montag und Dienstag Ruhetage. Unbedingt reservieren.

GOSTILNA DANILO & VINOTHEK

modern inspirierte Küche | Terrasse

Die Geschwister mit dem Twist

Retече 48
4220 Škofja Loka
T. +386 4 5153444
www.danilogostilna.si
info@danilogostilna.si

Öffnungszeiten:
Mittwoch bis Freitag
12 bis 15:30 Uhr und
19 bis 22 Uhr, Samstag
12 bis 22 Uhr, Sonntag
12 bis 16 Uhr. Montag und
Dienstag Ruhetage

DAS SYMPATHISCHE GESCHWISTERPAAR Gašper und Vesna Čarman hat der klassischen Gostilna einen modernen Twist verliehen. Die zeitgemäße Architektur des Restaurants, das durch die Kombination von Holz und der Farbe Schwarz besticht, passt wunderbar zu den Gerichten. Da die Gegend rund um das pittoreske Städtchen Škofja Loka reich an Pilzen ist, sollte man sich im Herbst damit verwöhnen lassen. Dann sind sie frisch und knackig und werden dank Vesnas Kochkunst aufs Feinste zubereitet. Die cremige Pilzsuppe oder die hausgemachten Gnocchi mit Pilzsauce machen glücklich. Die Forelle aus dem Soča-Tal wurde in eine feine Mousse verwandelt und die Polenta vom Mais aus der Nachbarschaft mit istrischen Trüffeln verfeinert. Ein Eisespresso – das Eis ist selbstredend selbst gemacht – mit Schnapschaudeau ist eine echte Energiespritze.

Vesna sucht sich nur das Beste an Lebensmitteln aus, vor allem sind die landwirtschaftlichen Produkte noch weitgehend unverfälscht und ungespritzt, das kommt den Köchen des Landes zugute. Und mit ihnen den Gästen. Ein Schmuckstück des Hauses ist der Weinkeller, der gut und gerne 500 Etiketten birgt, die von den Geschwistern bedächtig ausgewählt worden sind. Vorwiegend Weine von slowenischen Superproduzenten, aber auch einige knallige Ausländer, die Gašper als Sommelier kredenzt.

GOSTILNA BELŠAK SLAVKOV DOM

gehobene slowenische Küche | Garten | Zimmer

Auf zum Backhendlschmaus

WENN MAN DEM TRUBEL der Stadt entfliehen möchte, ist die Gostilna Belšak Slavkov dom die richtige Adresse. Eingebettet in eine liebliche Landschaft mit Weiden und Wäldern, ist es ein Hort der Ruhe und der gehobenen Kulinarik. Man sollte sich getrost beraten lassen, das Personal spricht Deutsch und Speisekarte gibt es ohnehin keine. Die Küche ist eine Kombination aus slowenischen und internationalen Gerichten. Dušan Belšak fügt zeitgemäße Akzente ein und wertet so die heimischen Produkte, die er ausschließlich aus der Umgebung bezieht, auf besondere Weise auf.

Es gibt ein paar Spezialitäten, für die es sich lohnt, Golo Brdo aufzusuchen. Zum Beispiel Dušans Backhenderl mit knackigen Salaten, wunderbar auf den Punkt frittiert. Das Steak ist nicht nur perfekt gebraten, sondern auch fürs Auge mit gegrilltem Gemüse und Blümchen ausstaffiert. Je nach Jahreszeit legt sich der Küchenchef saisonal ins Zeug. Im Herbst kommen fein marinierter Schwammerlsalat oder Tagliatelle mit istrischen Trüffeln auf den Teller, im Frühjahr ist es fein marinierter wilder Spargel. Hier bekommt man zartes Kalbfleisch mit Gemüse zu erstaunlich günstigen Preisen. Der Chef versteht sich auch auf die Zubereitung feiner Štruklji, der Nationalspeise in Slowenien. Süß oder salzig? Das ist die Frage. ■

Golo Brdo 8
1215 Medvode
T. +386 1 3611242
www.gostilna-belsak.si
info@gostilna-belsak.si

Öffnungszeiten: Dienstag bis Samstag 11 bis 21 Uhr, Sonntag von 10 bis 20 Uhr, Montag Ruhetag

GOSTILNA MIHOVEC

traditionelle slowenische Küche | Gastgarten

Mit dem Geschmack der Kindheit

Zgorne Pirniče 54
1215 Medvode
T., +386 1 3623061
M. +386 31 684434
gostilna.mihovec@
siol.net

Öffnungszeiten: Mittwoch, Donnerstag 12 bis 22 Uhr, Freitag und Samstag 12 bis 1 Uhr, Sonntag 12 bis 18 Uhr. Montag und Dienstag Ruhetage

WAS FÜR EIN PLATZ! Genau so stellt man sich ein Traditionsgasthaus vor, wo man am Sonntag mit der ganzen Familie essen geht. Ein Gastgarten von ausladenden Linden und Kastanien beschattet, Tomatenstauden an der Hauswand und duftende Kräuterkisterln vor der Türe. Ein gemütliches altes Haus und eine Familie, die die Gastfreundschaft in den Genen hat. Hier lebt man sie seit dem Jahr 1857. Die Küchenpower liegt eindeutig bei den Damen des Hauses. Mojca schupft den Laden mit Hingabe und hat die alten Rezepte ihrer Großmutter mit modernem Touch versehen. Assistiert wird ihr von Mutter Mihaela und Schwester Jerneja. Damit auch die besten Lebensmittel auf den Tisch kommen, bestellt der männliche Part der Familie eine große Landwirtschaft, von der sämtliche Gemüse, das Mehl für das selbst gebackene Brot und das Obst für die variantenreichen Strudel bezogen werden. „Was wir nicht selbst haben, kaufen wir von unseren Nachbarn", erklärt Jerneja.

Kaum hat man an dem weiß gedeckten Tisch Platz genommen, kommt ein mit Grammeln beladener Kuchen, von dem alleine man schon satt werden würde. Die nächste Überraschung sind eine geräucherte Gänsebrust mit süß-sauer marinierten Eierschwammerln. Speisekarte gibt es keine, doch man kann getrost den Einflüsterungen von Jerneja folgen. Ob Kürbis-, Steinpilz- oder Nudelsuppe – aus den Tellern dampft der Geschmack der Kindheit, der sich bei den zarten Kalbswangerln und dem Schweinsbraten fortsetzt. Dazu gibt es flaumige topfengefüllte Štruklji oder eine cremige Polenta. Den Abschluss bilden ein mit Schokolade beträufelter Feigenkuchen und türkischer Kaffee. Alles in allem ein Platz zum Wohlfühlen und Genießen. ■

RESTAURANT UND BAR ATELJE

moderne slowenische Küche | Gastgarten

Eine Kunst, diese Gerichte

Nazgorjeva 2
1000 Ljubljana
T. +386 1 3081907
restavracija-atelje.si
info@restavracija-atelje.si
Öffnungszeiten: Montag bis Freitag 12 bis 15 Uhr und 18 bis 22 Uhr, Samstag 18 bis 22 Uhr, Sonntag Ruhetag. Die Öffnungszeiten können im Sommer und Winter variieren.

ES IST DAS RESTAURANT des Hotels Grand Union und befindet sich mitten in der Fußgängerzone. Das stylische Restaurant erinnert tatsächlich an ein Kunstatelier. Kulinarische Kunstwerke vom Feinsten sind es auch, die Chefkoch Jorg Zupan seinen Gästen auftischt. Die Zutaten für seine Meisterwerke besorgt Zupan nur wenige Schritte entfernt am Laibacher Markt. Hier kauft er, was gerade frisch verfügbar ist, und stellt an Ort und Stelle sein Menü zusammen. Was er selbst herstellen kann, macht er mit seinem kreativen Küchenteam. Zum Beispiel Brot, Joghurt, eingelegtes Gemüse. Selbst der Käse ist hausgereift. Mit jedem Bissen spürt man den jungen Drive einer Küche mit slowenischen Ingredienzien, aber neu und zeitgemäß interpretiert.

Wenn man schon dort ist, sollte man das Degustationsmenü (Anzahl der Gänge je nach Hunger) wählen. Dazu auch die Weinbegleitung aus der Fülle hervorragender slowenischer Weine. Was für ein Unterschied zu den Weinen von vor zehn Jahren – in puncto Wein ist in Slowenien eine Weltsensation passiert. Der junge Patissier Saša Žerjal ist ein Virtuose in Süß. Seine Dessertkreationen zergehen förmlich auf der Zunge. Zum Beispiel die marinierten Kirschen auf Haselnusstörtchen oder die hausgemachten Eiskreationen, natürlich aus Früchten der Saison. ■

GOSTILNA AS

Čopova ulica 5, 1000 Ljubljana
T. +386 1 4258822
www.gostilnaas.si, gostilna.as@siol.net
Öffnungszeiten: täglich von 12 bis 23 Uhr

Highclass-Restaurant mit langer Tradition in feiner Mittelmeerküche. Meeresfrüchte roh und gegrillt sind die viel beachteten Spezialitäten, aber auch das am Fogolar zubereitete Steak.

SLOVENSKA HIŠA FIGOVEC

traditionell-moderne slowenische Küche | Gastgarten

Tradition, neu gelebt

WENN EIN GASTHAUS seit dem Jahr 1770 besteht, ist es Zeit für ein Facelifting. Früher war der Figovec ein typisches Traditionsgasthaus mit großen Portionen, Gerichten aus Pferdefleisch, Braten, Čevapčiči, Štruklji und vielem mehr. Vor Kurzem ist ein frischer Wind durch das „slowenische Haus“ gebraust. Sowohl durch die Küche als auch durch die Gasträume, die jetzt hell und freundlich geworden sind. Man hat sich dem Geschmack der jungen Laibacher angepasst, es gibt stylische Cocktails, die Kremsnita wird im Glas serviert und die Gerichte sind leichter geworden. Nur die Schwarz-weiß-Fotografien vom historischen Laibach in den Fensterscheiben weisen noch charmant in die Vergangenheit und das Markenzeichen ist ein rotes Kreuzstichmuster, wie es auf alten slowenischen Leinentischdecken zu sehen ist.

Figovec ist stolz, dass sowohl die verarbeiteten Produkte als auch die Rezepte „100 Prozent Slowenien“ sind. So bekommt man feine Blut- oder Krainer Würste mit Kraut in der schwarzen Pfanne serviert (dort wo sie gekocht worden sind), Fisch kommt leicht in einer Wurzelsauce auf den Tisch, fein ist die geröstete Kalbsleber und selbst süße Štruklji gibt es noch.

Slovenjska hiša hat auch eine Dependance in der Cankarjevo nabrežje 13, direkt am Ufer der Ljubljanica, wo sich eine Gastronomiestätte an die andere reiht. Hier trifft man sich zum Cocktail, Tee oder Kaffee und verspeist dazu slowenische Tapas. Darüber sollte man die atemberaubende Aussicht auf den Fluss und, wenn man den Blick hebt, auf das Laibacher Schloss nicht vergessen.

Gosposvetska cesta 1
1000 Ljubljana
T. +386 1 4264410
www.figovec.si
info@figovec.si

Öffnungszeiten: Montag bis Donnerstag 8 bis 23 Uhr, Freitag, Samstag von 8 bis 1 Uhr, Sonntag von 9 bis 24 Uhr

JB

gehobene Küche | Garten

Janez kocht im Plečnik-Haus

„**JANEZ** kocht im Vatikan", heißt es, als wir das wunderbare Jugendstilrestaurant besuchen, das in einem Plečnik-Haus in der Nähe des Bahnhofs untergebracht ist. Die Versicherung, die es besitzt, wollte Janez Bratovž (JB) unbedingt als Starkoch in ihrem Haus sehen. Seit dem Jahr 2000 kocht er mitten in der Hauptstadt, verändern darf er glücklicherweise an der Innenarchitektur nichts. So passt die außerordentliche Atmosphäre zur außerordentlichen Küche im JB, selbst wenn der Chefkoch nicht im Hause ist. Aber Sohn Tomaž ist da und der macht es dem Papa gekonnt nach.

Wählen kann man aus verschiedenen Menüs, von fünf bis zehn Gängen. Fisch, Fleisch oder vegetarisch, wobei die Preise keineswegs abgehoben sind für diese Qualität. Hervorzuheben aus den servierten Herrlichkeiten sind die nur wenige Sekunden gebratene Langustine mit Kaviar und einem federleichten Schaum aus Tapioca und Lemongrass. Janez' legendäre Komposition, die in keinem Menü fehlen darf, sind die Ravioli, gefüllt mit Frischkäse, Pistazien und Lakritze und gebratenen Gänseleberscheiben. Ob kleine, schnell gebratene Fleischwürfel mit Trüffel, Kaviar und Senfcreme oder gegrilltes Kalb mit Rosmarinsauce, Wolfsbarsch in Tintenfischsauce – alles ist eine Offenbarung großer Kochkunst.

Das Dessert zum Fischmenü bestand aus einer Zitronengrascreme und nach dem Fleisch gab es ein Schokoladensoufflé, das himmlischer nicht hätte sein können. Die Vanillesauce vermischte sich mit flüssiger Schokolade zu einem einzigen süßen Traum. Die Weine von Costantini und Fedora aus dem Vipava-Tal passten perfekt zu den Gängen, wenngleich sie mit ihren 15 beziehungsweise 13,5 Prozent ein echter Knaller waren. ■

Miklošičeva cesta 19
1000 Ljubljana
T. +386 1 430 7070
www.jb-slo.com
info@jb-slo.com
Öffnungszeiten: Montag bis Freitag von 12 bis 23 Uhr, Samstag von 18 bis 23 Uhr, Sonntag Ruhetag

KLOBASARNA

Ciril-Metodov trg 15, 1000 Ljubljana
T. +386 51 605017
www.klobasarna.si, klobasarna@gmail.si
Öffnungszeiten: Montag bis Samstag von 10 bis 21 Uhr, Sonntag von 10 bis 15 Uhr

Fast Food auf Slowenisch: In der Klobasarna im Stadtzentrum bekommt man die original Krainer Wurst auf die Schnelle mit Brot, Senf und Bier. Täglich werden dort mehrere Hundert Würste verkauft, sie sind also immer frisch.

GOSTILNA ŠESTICA

slowenische und internationale Küche | Wintergarten | Zimmer

Gibanica vom Šestica

AUCH DER ŠESTICA ist ein Gasthaus, das auf eine steinalte Tradition blickt. Es war das erste Gasthaus in Laibach, das das Zertifikat zur Herstellung der echten Premurska Gibanica, jenem hervorragenden Schichtkuchen mit Apfel-, Nuss-, Mohn- und Topfenfüllung, erworben hatte. Daher bekommt man hier auch eine der besten Gibanica außerhalb von Prekmurje.

Weil das Gasthaus vor wenigen Jahren einen neuen, cleanen Touch bekommen hat, ist man mit Pizza aus dem Holzofen, Meeresgerichten und Pasta auch auf modernere Küche umgestiegen. Doch die Modernisierung geht nicht so weit, dass man nicht auch ein günstiges, typisches Tellergericht zu Mittag serviert. Die Kellner tragen übrigens die slowenische Nationaltracht mit bestickten Samtgilets.

Wild und Süßwasserfische, hausgemachtes Brot und Gebäck, aber auch Saure Suppe, Froschschenkerln, süße und salzige Štruklji, Gulasch mit Bratkartoffeln, Rindszunge und Krainer Wurst stehen immerhin auf der umfangreichen Karte. ■

Slovenska cesta 40
1000 Ljubljana
T. +386 1 2420855
www.sestica.si
info@sestica.si

Öffnungszeiten: Montag bis Freitag 10 bis 23 Uhr, Samstag 12 bis 23 Uhr, Sonn- und Feiertag 10 bis 17 Uhr

GOSTILNA NA GRADU

Terrasse | gehobene slowenische Küche

Das Gasthaus auf der Burg

Grajska planota 1
1000 Ljubljana
T: +386 8 205 19 30
M. +386 31 301777
www.nagradu.si
info@nagradu.si

Öffnungszeiten:
Montag bis Samstag
10 bis 24 Uhr, Sonntag
12 bis 18 Uhr

SCHON DIE BURG, die hoch über der Stadt Ljubljana thront, ist ein Ereignis für sich. Ein richtiges Sonntagsziel als Treffpunkt für die Laibacher Familien. Die Gostilna Na Gradu legt noch eins drauf. Überhaupt im Sommer, wenn man vor den Arkaden unter ausladenden Schirmen sitzt und von der Burg auf die erleuchtete Stadt blickt, geht einem das Herz auf. Die Gaststätte in der Burg und Küchenchef Damjan Fink tragen dazu bei, dass man nicht nur die Atmosphäre und die Aussicht lobt. Manchmal sorgt Livemusik für einen besonders romantischen Abend. Außergewöhnlich ist auch das stylische Ambiente in historischen Mauern.

Es ist eine Freude, wie die traditionellen Speisen auf moderne Weise interpretiert werden und das kulinarische Erbe Sloweniens auf eine höhere Ebene gestellt wird. Je nach Saison wechseln die Gerichte von Wild zu Meeresfrüchtespezialitäten oder vegetarischen Speisen. Eine besondere Spezialität sind die Rindszunge mit Bratkartoffeln oder süße und würzige Štruklji aus Weizen oder Buchweizenmehl mit Nüssen und Topfen. Natürlich darf auch die typische Krainer Wurst nicht fehlen, die in der Gegend einen besonderen Geschmack hat. Nicht versäumen sollte man die Potica, ein Germstrudel mit Estragonfülle. Zu guter Letzt wird auch noch saftiger Apfelstrudel serviert. Die große Auswahl an slowenischen Weinen erfreut zudem die Genießer eines guten Tropfens. ■

RESTAVRACIJA HARFA

Koprska ulica 98, 1000 Ljubljana
T. +386 1 4232411, www.harfa-restavracija.si
Öffnungszeiten: Montag bis Freitag 10:30 bis 17 Uhr, Samstag und Sonntag Ruhetage

Harfa ist ein Hotspot für Geschäftsleute, gibt es doch schmackhafte Businessmenüs zu günstigen Preisen. Berühmt ist das Restaurant für seine vorzügliche Fischküche.

GOSTILNA SOKOL

slowenische Traditionsküche | Gastgarten

Unter den Augen des Falken

DIE GOSTILNA SOKOL ist nicht zu übersehen, denn sie befindet sich mitten im Zentrum der Altstadt in einem historischen Bürgerhaus. Auch der Falke, nach dem das Gasthaus benannt ist, flattert direkt neben dem Eingang (aus Bronze). Das alte Gasthaus mit dunkler Holzvertäfelung und Einrichtung ist mit Bildern aus dem 19. Jahrhundert dekoriert. Slowenische Musik und Kellner in der traditionellen Tracht sind vor allem ein Anziehungspunkt für Touristen, die mittlerweile aus aller Welt kommen, um die wunderbare Stadt zu besuchen, die von Jahr zu Jahr mondäner und internationaler wird, ohne ihren ursprünglichen Charme einzubüßen.

Sokol ist so ein altes Stück Laibach. Schade nur, dass die Küche zu viele internationale Elemente aufgesogen hat. Neben Risotto, Pasta, Lasagne, Steaks, Grillgerichten findet man auf der umfangreichen Karte aber immerhin auch Köstlichkeiten wie Laibacher Topfenpalatschinken mit Estragon, Laibacher Gulasch, gekochte Rindszunge, Pilzsuppe im Brotteig, Schlachtplatten mit Kraut, Krainer Wurst und Štruklji mit Nuss- oder Topfenfüllung. Palatschinken gibt es natürlich mit allerlei Füllungen wie Marmelade, Schokolade, Eis, Nüssen und vielem mehr. Auch Mohn- oder Nusspotica zum Kaffee sollte man probieren. Um die internationalen Gerichte kann man ja einen Bogen machen. Das Sokol-Bier ist eines der besten in der Stadt, auch die Weinkultur ist sehr zeitgemäß. Schließlich gehören die slowenischen Weine mittlerweile zur Weltspitze.

Ciril Metodov trg 18
1000 Ljubljana
T. +386 1 4396855
www.gostilna-sokol.com
gostilnasokol@siol.net
Öffnungszeiten: Montag bis Samstag von 7 bis 23 Uhr, Sonntag von 10 bis 23 Uhr

HIŠA KULINARIKE MANNA

Eipprova ulica 1, 1000 Ljubljana
T. +386 5 9922308, M. +386 31 388201,
www.restavracija-manna.si, info@restavracija-manna.si
Öffnungszeiten: Montag bis Samstag 12 bis 24 Uhr, Sonntag 12 bis 21 Uhr

Ein kulinarisches Haus, mit einer Mannschaft, die viel vom Essen und Trinken versteht. Fisch- und Fleischgerichte in hoher Qualität und kreative Küche in nettem Ambiente.

STRELEC

gehobene Küche | Terrasse

Wie ein Pfeil in den kulinarischen Himmel

STRELEC heißt so viel wie Pfeil. Und wie ein Pfeil ist auch der sympathische Igor Jagodic in den kulinarischen Himmel von Slowenien geschossen, wo zwar schon einige Sterne stehen. Jagodic, Chef des Restaurants Strelec, aber ist von Gault Millau zum „besten Koch des Jahres 2019 von Slowenien" gekürt worden. Im runden Turm der Burg hoch über Ljubljana tüftelt Igor über seinen unüblichen Kreationen – inspiriert von einem Ambiente aus Mittelalter und Moderne. An den Wänden dominieren altes Gemäuer und Fresken mit slowenischen Märchen. In der Mitte sorgt ein stylischer Luster für angenehme Beleuchtung. Durch die großen Fenster blickt man auf die Stadt, die sich in all ihrer Pracht unter dem Schlossberg ausdehnt, auf den man mit einer Standseilbahn gelangt. Im Sommer raufen sich die Gäste um die wenigen Tische auf der schmalen Terrasse, wahrscheinlich der atemberaubendsten in ganz Laibach.

„Die Auszeichnung ist eine Anerkennung meiner Arbeit und zeigt, dass das gesamte Team auf dem richtigen Weg ist", meint er, auf die gastronomische Adelung angesprochen. So eine Auszeichnung sei gut fürs Geschäft und gut für den Wettbewerb, denn jeder möchte sich an den Besten messen. „Immer mehr Gäste kommen wegen der aufstrebenden Gastronomie nach Slowenien", freut er sich über die „kulinarische Explosion" in seinem Land. „Ich koche nach meinen kreierten Rezepten mit Einflüssen aus Österreich und Italien", lässt sich Jagodic, der Koch werden wollte, seit er zurückdenken kann, in die Töpfe blicken. Das Schönste für ihn sei, auf den Markt zu gehen, Fisch, Käse, Gemüse auszuwählen, Kollegen zu treffen, Kaffee zu trinken „Um 11 Uhr bin ich dann im Restaurant und es kann losgehen."

Das Tartare mit Topinamburchips und Haselnüssen, die Calamaristückchen, parfümiert mit Knoblauch und einer hausgemachten Pastete, und das wunderbare Rehfilet mit Gänseleber schossen wie ein Pfeil ins Feinschmeckerherz. Somit ist auch der Name Strelec für das Restaurant perfekt gewählt. ■

Na Grajski Planoti 1
Ljubljanski Grad
1000 Ljubljana
T. +386 31 687648
strelec@kaval-group.si
www.kaval-group.si

Öffnungszeiten: Montag bis Samstag 12 bis 22 Uhr, Sonntag Ruhetag

RESTAVRAJICA SLON 1552

Nazorjeva 5, 1000 Ljubljana
T. +386 1 4701181
www.hotelslon.com/restaurant, sales@hotelslon.com
Öffnungszeiten: Montag bis Samstag 12 bis 23 Uhr, Sonntag Ruhetag

Stylisches Restaurant mit feiner, modern inspirierter Küche im Hotel Slon, mitten im Zentrum. Hier trifft man sich zum Lunch oder zu Degustationsmenüs von hoher Qualität.

RESTAVRACIJA MAXIM

Trg republike 1, 1000 Ljubljana
T.+386 51 285335, www.maxi.si, maxim@mercator.si
Öffnungszeiten: Montag bis Freitag 12 bis 22 Uhr, Samstag und Sonntag Ruhetage

Stylisches Restaurant mit ausgezeichneter Küche. Matic Subič wurde von Gault Millau für den besten Service ausgezeichnet. Ein einziges Esserlebnis.

RESTAVRACIJA CUBO

Šmartinska cesta 55, 1000 Ljubljana
T. +386 1 5211515, www.cubo.si, info@cubo.si
Öffnungszeiten: Montag bis Samstag 12 bis 22 Uhr, Sonntag Ruhetag

Businessleute und Gourmets sind in dem modernen Restaurant gut aufgehoben. Die Qualität ist ausgezeichnet und die Weinliste mit 600 Etiketten beeindruckend. Für die hausgemachten Pastagerichte und Mehlspeisen ist Cubo weithin bekannt.

RESTAVRACIJA VALVAS'OR

Stari trg 7, 1000 Ljubljana
T. +386 1 4250455, M. +386 41 381561
www.valvasor.net, info@valvasor.net
Öffnungszeiten: Montag bis Samstag 12 bis 22 Uhr, Sonntag Ruhetag

Wer Fisch und Meeresfrüchte liebt, ist bei Valvas'or richtig. Das elegante Ambiente mit vergoldeten Wänden und die leichten Speisen empfehlen sich für Businesstreffen.

NEBOTICNIK WOLKENKRATZER

Stefanova ulica 1, 1000 Ljubljana
www.neboticnik.si
Restaurant: Montag bis Samstag 12 bis 22 Uhr, Sonntag Ruhetag. Kaffeehaus: Sonntag bis Mittwoch 9 bis 1 Uhr, Donnerstag bis Samstag 9 bis 3 Uhr

Er war der erste Wolkenkratzer Laibachs und sorgte bei seiner Errichtung im Jahr 1933 für Aufregung, war er doch das höchste Gebäude auf dem Balkan. Man kann mit Blick auf die Stadt essen oder nur Kaffee trinken.

BARBARELLE JUICEBAR

Slovenska cesta 38, 1000 Ljubljana
T. +386 1 320 07 05
Öffnungszeiten: Montag bis Freitag 7 bis 20 Uhr, Samstag und Sonntag Ruhetage

Die Juicebar Barbarella, ist etwas für Gesundheitsbewusste. Neben frisch gepressten Säften und Smoothies bekommt man auch leichte vegane Gerichte, glutenfreie Kuchen und Rohkost.

RESTAVRACIJA ŠPAJZA

Gornji trg 28, 1000 Ljubljana
T. +386 1 4253094, www.spajza-restaurant.si
Öffnungszeiten: Montag bis Samstag 12 bis 23 Uhr, Sonntag von 12 bis 22 Uhr

Die wunderschöne Terrasse ist ein Fluchtpunkt in der sommerlichen Hitze. Auch die feinen Meeresfrüchte vermitteln Urlaubsfeeling.

DIE KULINARISCHE KÄRNTEN-CONNECTION

Janez Bratovž (JB) by Tschebull

„**ER WAR DER BESTE CHEF,** den ich je hatte." Das sagt Janez Bratovž, Sloweniens Starkoch und Mitbegründer der neuen, slowenischen Küche, über Hans Tschemernjak. Er ist der legendäre Wirt des Gasthauses Tschebull am Faaker See, der die Alpen-Adria-Küche schon propagierte, als in Kärnten Wirte kaum über den Tellerrand geblickt haben. Dort hat Bratovž kochen gelernt und zahlreiche Praktika absolviert, bis er sich vor 26 Jahren mit einem eigenen Restaurant in Domžale bei Ljubljana selbstständig gemacht hat. Auch da hat er seinen alten Chef nicht vergessen. Es hieß „Pri Čebulu" (Beim Tschebull). „Er getraute sich fast nicht zu fragen, ob er den Namen verwenden darf. Wir waren aber sehr stolz darauf, dass sein neues Lokal Tschebull hieß", erinnert sich Tschemernjak an seinen begabten Schüler. Immerhin hat der Tschebull-Wirt 139 Lehrlinge ausgebildet.

Nach einem Zwischenspiel in der Vila Podvin ist Janez im Jahr 2000 in die Hauptstadt gezogen und hat sich in einem Haus des damaligen Stararchitekten Jože Plečnik einquartiert. Das Lokal mit klassizistischen Stilelementen, wo aus Denkmalschutzgründen nichts verändert werden darf, ist einfach nach seinen Initialen benannt: JB. Denn mittlerweile ist er einer der arriviertesten Köche Sloweniens geworden und kann selbstbewusst unter seinem eigenen Namen auftreten. Wenn Tschemernjak auf Besuch in Ljubljana ist, geht er mit Janez gerne auf den Markt und staunt über die wunderbaren Produkte, die frischen Lebensmittel, die man hier in Hülle und Fülle findet. „Dann stellt mich Janez jedem seiner Standler vor", freut sich Tschemernjak noch heute.

Janezs Küchenphilosophie ist so einfach wie wirksam: „Der Geschmack muss von den Produkten kommen." Er ist ein Ausnahmetalent unter den Köchen, ihm ist nicht so sehr die Kochtechnik wichtig, sondern die Komposition der Geschmäcker. „Ich habe viele Geschmäcker im Kopf. Bevor ich ein Gericht komponiere, stelle ich mir den Geschmack vor", sagt er. Um diese Gabe beneiden ihn wohl viele Kollegen. Dass sein Schokoladensoufflé wahrscheinlich das Beste von Ljubljana ist, begründet er so: „Na klar, ich habe auch eine besondere Schokolade genommen und kein Pulver."

Zwanzig verschiedenen Lieferanten ist er stets treu geblieben. Sie danken es ihm mit den besten Produkten. Das Olivenöl bekommt er von drei verschiedenen Produzenten, weil sie ganz unterschiedlich schmecken: von Sancin aus dem Val Rosandra, von Lisjak aus Istrien und von Chiavalon aus Kroatien. „Das eine schmeckt mild, das andere leicht scharf, das dritte fruchtig. Es ist nicht egal, wofür man es verwendet", outet er sich als ziemlicher Tüftler. 2018 erschien sein neuestes von vielen Kochbüchern, in dem er seine Philosophie und zahlreiche Rezepte einem breiten Publikum offe-

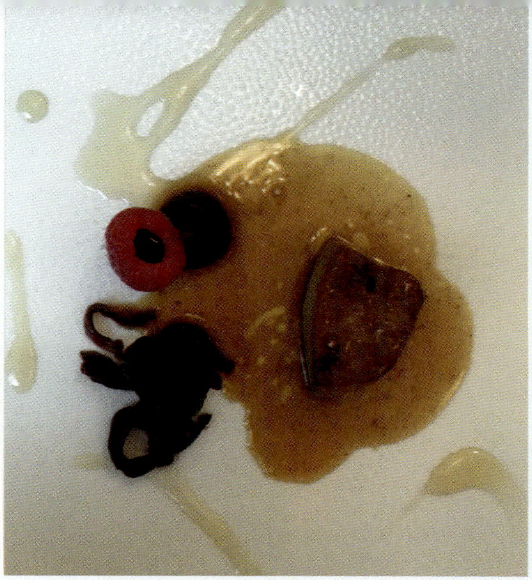

riert. Zu lernen hat er nie aufgehört. Praktika in vielen Gourmettempeln der Welt, wie dem Norma in Girona, kann er nachweisen. „Der Gott der Köche“ ist für ihn aber der Japaner Ishida aus Tokio, der ihn kürzlich beehrt hat. „Er hat nur zwei Tische für acht Personen. Man muss seinem Club beitreten und bekommt einen Termin zugeteilt. Für das Menü zahlen die Gäste rund 1000 Euro“, erklärt er das Geschäftsmodell, das nur in einer Millionenstadt funktionieren dürfte.

Wie erklärt er das „kulinarische Wunder von Slowenien“? „Es stimmt, in den letzten fünf Jahren hat sich unheimlich viel getan in Sloweniens Küchen. Die jungen Köche sind von ihrer Ausbildung in der ganzen Welt zurückgekehrt und zeigen, was sie gelernt haben.“ Vor fünf Jahren habe ihn ein amerikanischer Journalist gefragt, wo er Sloweniens Gastronomie in Zukunft sehe. „‚Slowenien ist die nächste kulinarische Destination‘, habe ich gesagt. Und jetzt ist es so weit!“, ist er stolz auf die Leistungen auch seiner berühmten Kollegen. Wie wichtig es ist, junge Menschen gut auszubilden, zeigt sich jetzt bei Mojmir Marko Šiftar (Restaurant Evergreen), der die Kochkunst bei ihm gelernt und 2019 zum „jungen Talent 2019“ erkoren worden ist.

Um Nachwuchs braucht er sich in seiner eigenen Küche keine Sorgen zu machen. Sohn Tomaž und Tochter Nina sind bereits in seine Fußstapfen getreten. Mit Ehefrau Ema bilden sie ein kongeniales Familienteam. Und Hans Tschemernjak durfte zum Erfolg beitragen. Das freut den alten Herrn. ■

VON APFEL BIS ZUCCHINI: DER FASZINIERENDE MARKT VON LJUBLJANA

Die Dependance des Schlaraffenlandes

FAST FOOD? Convenienceprodukte? Packerlsuppen? Für Hausfrauen und Köchinnen der slowenischen Hauptstadt Ljubljana/Laibach geschmähte Fremdwörter. Wer braucht Fertigprodukte und glutamatverseuchte Kost, wenn man aus dem Vollen schöpfen kann? Die Laibacher haben es gut, sie können jeden Tag auf ihren Markt gehen, der mitten in der Stadt all die Gaben des Alpen-Adria-Raumes vereint. Frische Waren, alte Obstsorten, natürlich angebautes Gemüse, farbstrotzende Blumen und gesunde Lebensmittel.

Marktöffnungszeiten: täglich von 8 bis 18 Uhr, im Winter von 8 bis 16 Uhr

Diese Farben und Düfte, diese Frische und Knackigkeit, diese Geschäftigkeit und das angenehme Singsang der slowenischen Bäuerinnen und Bauern, die aus allen Teilen des Landes kommen: Kein Wunder, dass der Markt nicht nur eine Selbstverständlichkeit für Einheimische, sondern auch eine Sehenswürdigkeit für Gäste ist. Dabei meine ich noch gar nicht die sensationellen, an den Jugendstil Otto Wagners angelehnten Markthallen des slowenischen Stararchitekten Jože Plečnik, sondern einfach nur den Obst- und Gemüsemarkt, der sich wie eine Dependance des Schlaraffenlandes ausnimmt.

Matej ist schon um fünf Uhr früh losgefahren, um seine Kakis, die er bedächtig vom Baum gepflückt hat, kunstvoll zu arrangieren. Er streicht liebevoll über die prallen Früchte, die die Sonne Istriens in sich aufgenommen haben. Die Čebul-Frau hat Berge von Zwiebeln (Čebul) aufgetürmt. Rote, die besonders mild sind, etwas schärfere braune, große weiße, in die man wie in einen Apfel beißen kann, und kleine Schalotten. Jede Zwiebel für ein anderes Gericht. Wenn man ein Rezept haben will, bitte sehr. Das wird gratis mitgeliefert. Die Frauen kennen sich schließlich aus, wenn es um authentische slowenische Speisen geht. Gulasch macht man übrigens mit braunen Zwiebeln, in die Stampferdäpfel passt der weiße und der rote in den Tomatensalat.

Ančka hat dicke, längliche, runde, ovale Plutzer (Kürbisse) in den schönsten Gelb- und Orangetönen auf ihrem Marktstand arrangiert. Jetzt ist die Zeit reif für Kürbisse. Wie appetitlich sie aussehen in ihrer prallen Buntheit. Die Kürbiscremesuppe kann ich förmlich riechen. Dazwischen türmen sich Äpfel aller Größen und Sorten aus vielen Teilen des Landes auf den Ständen und buhlen mit ihren roten Wangen um die Gunst der Käufer. Die Auswahl ist groß und die heimischen Kunden kennen sich aus, sie nehmen nur das Beste. Die Äpfel werden in der Hand gewogen, beschnuppert und dann in dem mitgebrachten Stoffsack verstaut.

Der Herbst hat den Markt besonders verwöhnt. Trauben, von Strohgelb über Grün schimmernd

bis zu einem dunklen Blau, türmen sich verführerisch vor meinen Augen. Ich zupfe schnell eine Perle vom Stängel und lasse sie im Mund verschwinden. Das Stibitzen bleibt nicht unbemerkt: „Probieren Sie, so viel Sie wollen", fordert der freundliche Standler zum weiteren Kosten und zum Vergleichen auf. „Die Sonne hat sie heuer sehr verwöhnt", nickt er zufrieden. Die großen gelben Muskattrauben, aber auch die blaue Isabella haben es mir angetan. Ihr Erdbeergeschmack ist unverkennbar.

Bohnen, die die junge Generation nur noch in Dosenform wahrnimmt, sind auf einem anderen Stand wohlsortiert in Säckchen verpackt: braune, weiße, gefleckte. Die Hausfrauen werden schon wissen, für welches Gericht sie gut sind. Daneben explodieren die Farben und Formen der Paprika. Eine Dame schleppt zwei große Säcke davon mit nach Hause. Sie werden bald, eingelegt in Essig und Öl – nach alten Rezepten, versteht sich –, in properen Rexgläsern in der Vorratskammer landen. Die Slowenen sind Vorratshaltung gewohnt und beherrschen sie perfekt. Denn überall im Land, ob im Osten bis zur kroatischen Grenze oder im Westen an den Ufern der Soča, ja, rund um Ljubljana, wird man auf jedem freien Fleck Gärten finden. Und seien sie noch so klein, überall ranken sich Fisolen (das Fleisch des armen Mannes) an langen Stangen empor, schlängeln sich Zucchini am Boden entlang und leuchten Tomaten zwischen Zaunlatten hervor. Hier ist der Geschmack der Kindheit zu Hause.

Und da ist dann noch die Kraut-Frau, die „Kraut und Rüben" ihr Eigen nennt. Um die Vitamin-C-Speicher aufzufüllen, ist eigens eine Familie aus Kärnten auf den Laibacher Markt gefahren, um von dem Sauerkraut eine Portion zu holen. Die Kraut-Frau fährt mit dem Holzlöffel tief in den Bottich und schaufelt ordentlich Sauerkraut in den Sack. Wie herrlich es riecht. Mit Maischerln und Rösterdäpfel wird es ein treffliches Gericht ergeben. Sie offeriert auch Sauerkrautsaft – zwecks besserer Verdauung – und frische Krautköpfe von Gelb bis Blau. Jeder schnappt sich einen und zieht, nicht zuletzt wegen des wohlfeilen Preises, zufrieden weiter.

Von Farben und Düften gesättigt, aber mit dem guten Gefühl, dass hier Lebensmittel noch wertgeschätzt werden, wende ich mich der Kunst zu. Die steckt unübersehbar in den Jugendstildetails der Kolonnaden am Ufer des Flusses. Im Inneren locken kleine Geschäfte mit Gewürzen, Honig, Lavendel, Käse, Salami, kuschelweichen Lammfellen und Handwerkswaren. Im Untergeschoß weist der Duft ins Fischlokal, wo frische Calamari und Sardinen herausgebacken werden. Der Otto-Wagner-Schüler Jože Plečnik hat hier eindeutige Spuren hinterlassen. Wo sonst gibt es solche Säulengänge, unterbrochen von Brücken über den Fluss, auf denen Trauben junger Leute hängen und die Herbstsonne genießen? Auf den Stühlen vor den Cafés sitzen die Marktbesucher mit prall gefüllten Einkaufstaschen daneben und überlegen zufrieden, was in wenigen Stunden auf dem Herd brutzeln wird. Man trifft sich, tratscht miteinander, verabredet sich für den Abend und ist wunderbar entspannt. So wollte es Plečnik vermutlich auch.

Die luftige Architektur seiner Bauten – das Zentrum ist voll von Beispielen herausragender Plečnik-Architektur – passt zur heiteren Atmosphäre Ljubljanas. Der Markt ist nicht zu übersehen. Er liegt zwischen den beiden Brücken Tromostovje (Drei Brücken) und Drachenbrücke. Im Marktgebäude finden sich Fleischer, Bäcker, Fisch- und Käseverkäufer, in der langen Halle sind die Cafés und Boutiquen untergebracht und auf dem Vodnik-Platz (nach dem Schriftsteller benannt) findet man Obst und Gemüse. Am Ende des Marktganges sollte man ein sympathisches Relikt aus vergangenen Tagen nicht übersehen. Auf einer Kontrollwaage kann jeder Kunde seinen Einkauf nochmals abwiegen, damit man mit dem guten Gefühl von dannen ziehen kann, dass man nicht „ums Haxl" gehauen worden ist.

Von März bis Ende Oktober öffnen am anderen Ende des Marktes jeden Freitag die Küchen „Odprta kuhna". Köche aus allen Teilen Sloweniens kochen heimische Spezialitäten auf Marktständen. Ein kulinarisches Erlebnis. ■

MALINE
DOMAČE
UGODNO
1KOŠ. 3.00 €
KMETIJA KROŠEV

SEHENSWÜRDIGKEITEN

BURG VON LJUBLJANA

Die Burg, die als Wahrzeichen majestätisch über der Stadt thront, ist ein Freizeitzentrum, das Museen und Ausstellungen beherbergt und ist mit einer Zahnradbahn erreichbar.

DIE BRÜCKE MIT DEN DRACHEN

Die Drachenbrücke (Zmaijski most) am Fuße des Burgbergs ist Laibachs bekanntestes Stadtsymbol. Die Brücke gilt als Meisterwerk der Jugendstilarchitektur.

PLEČNIK-ARCHITEKTUR

Otto-Wagner-Schüler Jože Plečnik zog 1921 nach Laibach, das er durch sein architektonisches und städtebauliches Schaffen in eine moderne Stadt verwandelte. Auf Schritt und Tritt begegnet man seiner Architektur.

PREŠERENPLATZ MIT DEN DREI BRÜCKEN

Der sehenswerte Prešerenplatz mit der Statue des Nationaldichters bildet das Zentrum der Stadt. Über die Ljubljanica führen die „Drei Brücken" (entworfen 1929 von Jože Plečnik).

SCHLOSS BOGENŠPERK UND VALVASOR

Die Burganlage (Schloss Wagensberg) in Šmartno pri Litiji stammt aus dem 16. Jahrhundert. Bekannt ist sie durch ihre enge Verbindung mit dem Wissenschaftler und Kunsthistoriker Weikhard von Valvasor.
T. +386 1 8987664

Alle: www.visitljubljana.com

NATURDENKMÄLER

TIVOLI PARK, LJUBLJANAS GRÜNE LUNGE

Der Tivoli-Park ist die grüne Lunge der Stadt Ljubljana. Er ist fünf Quadratkilometer groß und lockt mit Kastanienalleen, Blumenanlagen, seltenen Bäumen, Teichen und Springbrunnen.

ARCHE NOAH IM LAIBACHER ZOO

Der Zoo befindet sich in einem Waldstück am Rožnik, etwa zwei Kilometer von der Innenstadt entfernt (Večna pot 70). Hier leben Tierarten aller Kontinente und Sloweniens.

FLUSSFAHRTEN AUF DER LJUBLJANICA

Das Flussboot „Ljubljanica" fasst rund 48 Personen. Es fährt von der Haltestelle Breg ab und gleitet gemächlich auf dem Fluss Ljubljanica dahin.

DIE GROTTE DES BÜRGERMEISTERS

Županova Jama heißt die Grotte nahe Grosuplje, wenige Kilometer von der Kirchenburg Tabor entfernt. Josip Perme, der damalige Bürgermeister von Šentjur, entdeckte das Höhlensystem im Jahr 1929.
T. +386 1 7861323

KAMINŠKA BISTRICA, DAS IDYLLISCHE TAL

Das Tal der Kaminška Bistrica ist ringsum von Gipfeln der Steiner Alpen umgeben. Die Quelle des Flusses, die Schluchten Veliki und Mali Predaselj sowie der Wasserfall Orglice sind sehenswert.

Alle: www.visitljubljana.com/besucher

UNTERKÜNFTE

HOTEL CUBO

Mit dem Hotel Cubo (Slovenska cesta 15) ist ein neuer Standard in Ljubljana eingezogen. Zentral gelegen mit internationalem Publikum. Toprestaurant. www.hotelcubo.com, T. +386 1 4256000

BEST WESTERN PREMIER HOTEL SLON

Traditionshotel (Slovenska cesta 34) mit gemütlicher Lounge und Toprestaurant. Nach dem ersten Elefanten benannt, den die Laibacher je gesehen hatten. www.hotelslon.si, T. +386 1 4701100

G DESIGN HOTEL

Übernachten mit modernem Design (Tržaška cesta 330). Elegante Zimmer mit hohem Standard, ein Konferenzzentrum, Restaurant und Wellnesseinrichtungen. www.gdesignhotel.si, T. +386 1 2009100

VANDER URBANI RESORT

„Aufwachen im Vanderland" heißt es. Das Hotel (Krojaška ulica 6–8) mit Roof-Pool ist ein Designwunder, das auch in einer Metropole stehen könnte. www.vanderhotel.com, T. +386 1 2009000

ANTIQ PALACE

Es gehört zur Gruppe der Small Luxury Hotels of the World. Ein kleines, feines Hotel (Gosposka ulica 10) in schöner Lage mit romantischem Innenhof. www.antiqpalace.com, M. +386 5 1364124, T. +386 83 896700

URLAUB AM BAUERNHOF

BAUERNHOF PRI LAZARJU

Vom Bauernhof in der Podgrajska cesta 9 in Laibach hat man einen Blick auf Hauptstadt, Julische Alpen und Karawanken. Nähe zu den Skigebieten. www.pri-lazarju.net, T. +386 1 5281862, M. +386 41 807146

POSESTVO TRNULJA

Vor den Toren der Stadt (Črna vas 265) lebt man die organische Anbauweise. Wer hier Urlaub macht, lebt mit einer Unzahl von Tieren. www.trnulja.com, M. +386 41 622062, T. +386 1 4271903

BAUERNHOF PRI ŠTULARJU

In Podnart, Otoče 21, liegt die Farm mit Blick auf Karawanken und Julier. Ein Bad im hauseigenen Swimmingpool bietet sich im Sommer an. www.turisticnekmetije.si/pri-stuljarju, T. +386 4 5331286

PR' TRLEJ ANA & TONI

Wer dem Triglav nahe sein will, lässt sich bei Ana und Toni nieder. Am Bauernhof in Begunje, Srednja vas 6, genießt man feine selbstgemachte Produkte. www.turisticnekmetije.si/pri-trlej, T. +386 4 5333679, M. +386 31 698609

BAUERNHOF PRI MARKU

Zahlreiche Ausflugsziele sind von der Farm in Zabnica, Črngrob 5, erreichbar. Wer auf der Farm bleibt, wird mit hausgemachten Speisen verwöhnt. www.pri-marku-porenta.si, T. +386 4 5131626

KULINARISCHE FESTE UND MÄRKTE

MARKTPLATZ

Ein einziges Fest für die Sinne ist der zentrale Markt mit Hallen von Architekt Jože Plečnik. Hier versorgen sich Hausfrauen und Starköche gleichermaßen. www.visitljubljana.com

OFFENE KÜCHEN

Bei den Offenen Küchen „Odprta kuhna" (Pogacarjev trg I) werden Speisen frisch und live zubereitet. Am Freitag von März bis Oktober ab 10 Uhr. Marktplatz von Ljubljana. www.odprtakuhna.si

MARATHON FÜR GOURMETS

Der „Kulinarische November" ist für Feinschmecker in Ljubljana gedacht. Einen Monat lang werden in ausgewählten Restaurants typische slowenische Winterspeisen geboten.www.gourmet-lj.si

TÄGLICHE WEINVERKOSTUNG

Jeden Tag ab 17 Uhr kann man zwei Stunden lang mit Experten sieben Topweine aus Slowenien verkosten. Dvorni bar, Dvorni Trg 2, 1000 Ljubljana. www.winetastingljubljana.com

SLOWENISCHES WEINFESTIVAL

Mitte November stellen sich Spitzenwinzer vor. Die Veranstaltung im Cancarjev dom wird von einem ausführlichen Programm begleitet. Prešernova cesta 10. www.slovenskifestivalvin.si

GESCHÄFTE

PEKARNA 8

Das Interieur der Bäckerei (Stari trg 17) in Ljubljana ist so kreativ wie die vielen Brotsorten. Man muss früh kommen, um noch aussuchen zu können. www.pekarnaosem.com, T. +386 30 435317

ČOKOLADNICA ČUKRČEK

Schokolade, die erstaunt. Nicht nur die mannigfachen Kreationen, sondern vor allem die Geschmackskombinationen wie Meersalz und Pfeffer. Ljubljana, Miklosiceva 4, www.cukrcek.si, T. +386 1 4210453

KRASEVKA

Das Sortiment umfasst vor allem Köstlichkeiten aus dem slowenischen Karst. Olivenöl, Weine, Schinken, Kürbiskernöl, Honig, traditionelle Würste. Ljubljana, Vodnikov trg 4, T. +386 1 2321445

VINOTEKA MOVIA

Der Winemaker aus der Goriska Brda ist auch in der Hauptstadt vertreten. In der Vinothek im Zentrum, Mestni trg 2, kann man die Weine kaufen und an Ort und Stelle probieren. T. +386 51 304590

DOBROTE DOLENJSKE

Eine große Auswahl an hausgemachten und kulinarischen Produkten aus der Region Dolenjsak und Bela Krajina. Darunter Marmeladen, Honig, Liköre, Spirituosen, Wein, Öle, Käse (Mestni trg 17). T. +386 5 9936532

SPORTEINRICHTUNGEN

DINERS CUBO GOLF

Jüngster Golfcourse in Slowenien. Der 18-Loch-Golfplatz befindet sich in der Nähe der Hauptstadt und besticht durch sein gepflegtes Grün. www.golf-ljubljana.si

ARBORETUM, EIN GOLFPLATZ FÜR ALLE

Der Golfplatz ist wegen seiner einfachen Bespielung das ideale Übungsgelände für Anfänger. Er weist 18 Löcher auf. www.golfarboretum.si

TRNOVO GOLF MIT LANGER TRADITION

Er hat eine lange Tradition. Auf einer Länge von 2500 Metern sind neun Löcher verteilt. Driving Range für Anfänger. www.golftrnovo.com

SKIGEBIET STARI TOP

55 Hektar Skipisten stehen im Stadtskigebiet für die Sportbegeisterten zur Verfügung. Zusätzlich gibt es Rodel- und Bobbahnen. www.starivrh.si, T. +386 31 1663235

SKIFAHREN VOR DER STADT

Das Skigebiet Krvavec vor den Toren der Hauptstadt Ljubljana gehört mit seinen 15 Liftanlagen schon zu den anspruchsvollen Skigebieten auf 1971 Metern Seehöhe. www.rtc-krvavec.si

KUNST UND KULTUR

NATIONALGALERIE

Die slowenische Nationalgalerie in Ljubljana (Presernova cesta 24) beherbergt ältere ikonische Kunstwerke. Zum Beispiel von Žoran Musič und Ivana Kobilica. www.slovenia.info/geschichten. T. +386 1 2415418

MODERNE KUNST

Das Museum of Modern Art (Cancarjeva cesta 15) zeigt das künstlerische Schaffen des 20. und 21. Jahrhunderts wie den Konstruktivismus von Avgust Cernigoj. www.visitljubljana.com/besucher. T. +386 1 2416800

AVANTGARDEKÜNSTLER

Im Museum of Contemporary Art Metelkova (MSUM), Maistrova ulica 3, trifft man osteuropäische Avantgardekünstler von Kasimir Malevič bis Maina Abramovič. www.mg-lj.si. T. +386 1 2416800

OPER VON LJUBLJANA

Die jüngst modernisierte Oper von Ljubljana, Župančičeva ulica 1, hat internationalen Ruf und ein weithin anerkanntes Ballett- und Orchesterensemble. www.opera.si, T. +386 1 2415900

CANKAR CENTER

Im größten Kongress- und Kulturzentrum Sloweniens (Prešernova cesta 10) befinden sich mehrere Säle für Konzerte, Filme, Theateraufführungen und Kongresse. www.cd-cc.si, T. +386 1 2417100

TYPISCHE GERICHTE

ŠTRUKLJI (GEFÜLLTE TEIGROLLEN)

Štruklji bestehen aus verschiedenen Teigsorten mit allerlei Füllungen (Estragon, Topfen, Nüsse, Mohn, Äpfel) und werden gebraten, gratiniert, gekocht. Sie sind süß oder salzig.

RIČET (EINTOPF MIT GERSTE)

Graupen sind die Basis des deftigen Gerichts, dem auch Selchfleisch, Bohnen und viel Gemüse beigefügt werden. Das Ričet, ähnlich dem Ritschert, muss eine eher feste Konsistenz haben.

PRAŽEN KROMPIR (BRATKARTOFFEL)

Slowenen lieben Kartoffeln in allen Formen. Röstkartoffel mit Zwiebel oder auch Grammeln ist wahrscheinlich das am meisten zubereitete Gericht.

ŽABJI KRAKI (FROSCHSCHENKEL)

Gebraten und frittiert gehören sie zu einer der Lieblingsspeisen der Laibacher. Auch heute noch werden sie als besondere Delikatesse angeboten.

RATEŠKI KOCOVI KRAPI (KRAPFEN AUS RATEČE)

Krapfen haben nichts mit unseren in Schmalz gebackenen Krapfen gemein. Diese sind aus Kartoffelteig zubereitet und mit Maisgries, gedörrten Birnen, Honig und Zimt gefüllt.

TYPISCHE PRODUKTE

KRANJSKA KLOBASA (KRAINER WURST)

Die Krainer Wurst begeisterte schon Kaiser Franz Joseph. Elf Hersteller in Slowenien dürfen sie heute nach Originalrezept (Schweinefleisch, Salz, Pfeffer, Knoblauch) fertigen.

DRAŽGOŠKI KRUHEK (HANDGEMACHTE LEBKUCHEN)

Sie sind kleine Kunstwerke, die noch dazu fantastisch schmecken. Die handgeformten Lebkuchen werden aus Honigteig mit Gewürzen hergestellt und gelten als traditionelles Geschenk.

ZASEKA (VERHACKERTES)

Beim Verhackerten wird der Speck gepökelt, in kaltem Rauch geräuchert und dann luftgetrocknet. Klein gehackt wird er in ein Tongefäß gelegt und mit Fett übergossen.

POTICA (GEFÜLLTER GERMKUCHEN)

Eine typische, festliche Mehlspeise. Man zählt 80 verschiedene Füllungen. Zu den bekanntesten gehören Estragon, Grammeln, Honig, Nüsse, Mohn, Schnittlauch, Liebstöckel und vieles mehr.

TRJAK ALI TERJAK (HOLUNDERBEERENSAFT)

Zwei Tage lang werden die reifen Hollerbeeren gekocht, bis sie einen dickflüssigen Sirup ergeben. Damit wird gebacken, gesüßt oder ein Saft daraus gemacht.

GLOSSAR

Gostilna .... traditionelles Gasthaus
Gostišče .... Gaststätte
Orkrepčevalnica .. Stärkungsstätte
Domačija .... Hofgut
Restavracija .... Restaurant
Kmetija .... Bauernhof
Vinarija .... Weinstube
Osterija .... Osteria
Kavarna .... Kaffeehaus

Zajtrk .... Frühstück
Kosilo .... Mittagessen
Večerija .... Abendessen
Solata .... Salat
Sladica .... Dessert
Kruh .... Brot

Črni Kruh .... Schwarzbrot
Beli Kruh .... Weißbrot
Olje .... Öl
Kis .... Essig
Sol .... Salz
Poper .... Pfeffer
Sadje .... Obst
Zelenjava .... Gemüse
Fižol .... Bohnen
Krompir .... Kartoffeln
Paradižnik .... Tomaten
Meso .... Fleisch
Svinjina .... Schwein
Svinjsko Meso .... Schweinefleisch
Govedina .... Rindfleisch
Piščanec .... Geflügel
Ribe .... Fisch

Morska hrana .... Meeresfrüchte
Maslo .... Butter
Sir .... Käse
Mleko .... Milch
Sladoled .... Eiscreme
Kolac .... Kuchen
Čokolada .... Schokolade
Testenine .... Teigwaren
Voda .... Wasser
Gazirana Voda .... Sodawasser
Vino .... Wein
Redece vino .... Rotwein
Belo vino .... Weißwein
Pivo .... Bier
Kava .... Kaffee
Caj .... Tee
Sok .... Juice

WICHTIGE REDEWENDUNGEN

Könnten Sie mir die Speisekarte zeigen?
Ali mi lahko prosim, pokazete jedilni list?

Könnte ich ein Glas Wasser haben?
Lahko prosim, dobim kozarec vode?

Wie viel kostet das?
Koliko stane to?

Ich hätte gerne …
Rad bi imel …

Könnte ich einen zweiten Teller haben?
Ali lahko prosim dobim drug krožnik?

Könnte ich die Rechnung haben?
Ali lahko dobim račun?

Nehmen Sie Kreditkarten?
Ali lahko plačam s karitco?

Die Autorin

ELISABETH TSCHERNITZ-BERGER war über 40 Jahre lang Wirtschaftsredakteurin der „Kleinen Zeitung“ und ist nach wie vor als freie Mitarbeiterin tätig. Ihre große Leidenschaft ist der Alpen-Adria-Raum, den sie gemeinsam mit ihrem Partner Franz Mlinar kulinarisch aufrollt. Für ihr Buch „Genießen im Karst“ wurde sie 2017 mit dem renommierten Preis „Premio ENIT“ (bester Italien-Reiseführer) ausgezeichnet. Im Jahr 2000 erhielt sie den Journalistenpreis der ERSA.

STYRIA
BUCHVERLAGE

Wien - Graz

ISBN 978-3-222-13626-9

Bücher aus der Verlagsgruppe Styria gibt es
in jeder Buchhandlung und im Online-Shop
www.styriabooks.at

Buchgestaltung und Satz: designation e.U.
Covergestaltung: Emanuel Mauthe
Coverfotos: vorne alle gettyimages/Hans Harms/Leonsbox/BajnociP/sestovic/matejmm/Wiktory (im Uhrzeigersinn von l. o.); hinten: Matevž Kostanjšek & Grusa Zorn

Druck und Bindung: DZS Grafik, d.o.o.
Printed in the EU
7 6 5 4 3 2 1

BILDNACHWEIS

Fotos Elisabeth Tschernitz-Berger, außer:
Vorsatz: Matevž Kostanjšek & Grusa Zorn; Karte: designation; S. 2-4: Jaka Ivančič; S. 8: Archiv Pri Lojzetu Schloss Zemono; S. 10: gettyimages/rechitansorin; S. 13: Dean Dubkovič, Archiv Skipass; S. 14: Maja Bertoncelj; S. 17: Jost Gantar Velika, Archiv Vila Podvin; S. 19: Peter Irman, Archiv Gostilna Kristof; S. 22: Archiv Gostilna Raduha; S. 31: Klemen Korenjak; S. 36: Archiv Terme Topolšica; S. 39: Adobe Stock, Hetizia; S. 40: gettyimages, Socha; S. 47: Alež Fevžar, Nejc Pernek, Archiv Pikol; S. 49: Dean Dubkovič, Archiv Dam; S. 65: Robert Zabukovec, Fiorenzo Colosso, Riccardo Lavezzo, Archiv Kendov Dvorec,; S. 78: Damijan Simčič ZOSO; S. 80: gettyimages, Sonsam; S. 87: Šiva Kodrin, Archiv Gostilna Rozmarin; S. 89: Rok Dezelak, Archiv Pavus Grad Tabor; S. 90/91: AdobeStock/rsphotography; S. 93: Archiv Gostilna Šiker; S. 101: AdobeStock/Yes Photographers; S. 103: Dean Dubkovič, Archiv Gostilna Rajh; S. 105: Dean Dubkovič, Archiv Gostilna Debeluh; S. 109: Archiv Kobal; S. 118: Nik Jarh; S. 120: Archiv Gostilna Tomi, COB; S. 121: Archiv Gostišče Ribič; S. 125: gettyimages/csakisti; S. 127: Dean Dubkovic, Archiv Hiša Torkla; S. 129: Archiv Okus, r. u.: gettyimages/Patrik Slezak; S. 130: Davide Crisci, Archiv Za Gradom; S. 133 u.: AdobeStock/Branko Srot; S. 137: Matevž Kostanjšek & Grusa Zorn; S. 139: Dean Dubkovic, Archiv Domačija Repovž; S. 141: Archiv Domačija Novak, r. o.: gettyimages/barmalini; S. 142: Vic Potočnik, Archiv Fonda; S. 143: Janez Puksič, Arne Hodalič, Archiv Fonda; S. 145: Archiv WCO; S. 146: Archiv Podbevsek, Barba; S. 152: Matevž Kostanjšek & Grusa Zorn; S. 153: Jaka Ivančič; S. 154: gettyimages/xbrch; S. 157: Tomo Jeseničnik, Archiv Gostilna Ančka; S. 159: Manca Jevšček, Mare Mutič, Archiv Skaručna; S. 161: Peter Čisnovar, Mateja Judrovič Potočnik, Uroš Podlogar, Archiv Ledinek; S. 164: Archiv Gostilna Danilo; S. 165: Archiv Belšak Slavko Dom; S. 171 r: gettyimages/BajnociP; S. 173 o.: gettyimages/xbrch, r. u.: AdobeStock/dudlajzov; ; S. 176: gettyimages/Evgeniy Trifonov; S. 177: gettyimages/EvalCo; S. 191: Fotostudio Karlheinz Fessl; Nachsatz: gettyimages/Mny-Jhee